3/13

QUE DEVIENNENT LES ENFANTS QUAND LA NUIT TOMBE ?

Collection animée par Soazig Le Bail,
assistée de Charline Vanderpoorte.

© Éditions Thierry Magnier, 2013
ISBN 978-2-36474-227-7

Maquette de couverture : Delphine Dupuy
Maquette intérieure : Amandine Chambosse

Loi n° 49-956 du 16 juillet 1949 sur les publications destinées à la jeunesse

QUE DEVIENNENT LES ENFANTS QUAND LA NUIT TOMBE ?

JEAN-PAUL NOZIÈRE

EDITIONS
THIERRY
MAGNIER

*Pour Léonie et Emma, mes puces
et Sophie, leur maman.*

« Le bonheur et la chance sont des jeux d'enfants.
Le malheur aussi. »
Pierre Michon (au sujet du *Grand Meaulnes*)

« Toute la question, quand on se regarde dans la glace, c'est : est-ce que j'ai trahi l'enfant que j'étais ? »
Robert Guédiguian (cinéaste)

1

2012

Nous habitions la ferme depuis deux ans quand c'est arrivé. Je n'oublierai jamais cette journée, même si je dois vivre mille ans. La ferme n'en était plus une depuis longtemps. Quand mes parents ont acheté les bâtiments, pour une bouchée de pain, seuls les murs tenaient debout. Et encore. Mais il y avait beaucoup de terrain autour et papa disait qu'on pouvait faire quelque chose de sensationnel de la propriété.

– Il va falloir se retrousser sérieusement les manches et ne pas se montrer fainéants ! s'était-il exclamé, en shootant nerveusement dans une des nombreuses touffes d'orties qui envahissaient la cour.

Il s'était tourné vers moi, les sourcils en accent circonflexe, son regard évaluant à la fois la minceur excessive de mon corps de fille de quatorze ans et mes aptitudes à un travail de maçon. Mon père estimait que je m'intéressais trop aux mannequins des magazines de mode.

- Tes jolies mains vont déguster, Bertille. Je crois que nous devrions commencer par nous munir d'une collection de gants blindés.

« Gants blindés » était son genre d'humour !

- Les miennes ne risquent rien ? avait riposté Mélinda, ma mère, en levant les yeux vers les fenêtres de l'étage où ne subsistait plus une seule vitre. Je me demande si on a bien fait d'acheter cette ruine. Arthur, mon chéri...

- Les mains d'une instit sont sacrées et nous les utiliserons le moins possible, avait coupé papa, se gardant de commenter le bien-fondé de leur acquisition.

C'était trop tard.

La propriété se composait de deux bâtiments posés au centre d'un vaste terrain lui-même entouré de prés. La ferme proprement dite servait d'habitation et, en face, de l'autre côté de la cour, se dressait une grange, une construction presque aussi massive que l'autre, mais en plus mauvais état.

L'ensemble se trouvait dans un hameau nommé le Val Brûlé, soit cinq maisons éloignées les unes des autres, environnées de champs et de forêts. Nous habitions à six kilomètres de Sponge, la ville la plus proche. J'écris « ville » pour ne vexer personne, car Sponge comptait à peine quatre mille habitants.

- Une région franchement comique ! m'étais-je indignée, en débarquant la première fois au Val Brûlé.

Trois corbeaux, pas le moins du monde effrayés, déchiquetaient sous nos yeux, au milieu de la route, la dépouille écrasée d'une bestiole quelconque.

– Une fouine ou un blaireau, avait affirmé mon père, d'une voix catégorique, alors que pas plus que Mélinda et moi il n'avait vu de fouine ou de blaireau ailleurs que dans un livre.

– Je suis ravie d'abandonner le comique derrière moi, avait noté ma mère, d'un ton assez sec. Nous transformerons petit à petit le Val Brûlé en paradis.

Nous allions d'abord nous heurter à une vision d'enfer, mais évidemment nous l'ignorions. Mélinda songeait à son ancienne école de Mulhouse où trois familles de parents crétins l'avaient harcelée sous prétexte qu'elle ne préparait pas assez ses élèves du cours élémentaire à devenir des polytechniciens. Elle était très satisfaite d'avoir obtenu son changement pour le groupe scolaire Carnot de Sponge.

Je manquais si totalement d'enthousiasme, face à cette entrée dans notre futur paradis si semblable à un tas de gravats, que papa s'en rendit compte.

– Bertille, tu auras toujours ton téléphone, ton ordinateur, tes livres, ta télévision. Explique-moi où se situera le changement par rapport à Mulhouse où tu t'enfermais dans ta chambre et te droguais à coups d'ordinateur et de SMS ?

Il m'avait cloué le bec. Ce qu'il disait était en grande partie exact, même s'il ajoutait cette dose d'exagération propre aux parents inquiets.

Deux ans plus tard, je ne pouvais même plus évoquer l'ennui. Durant ces sept cent trente jours, nous n'avions guère eu le temps de regarder nos montres. La ferme *à retaper*.

Elle était inhabitée depuis une vingtaine d'années, avait été vendue plusieurs fois après le décès des fermiers. Les propriétaires successifs étaient toujours des Parisiens en mal de maison de campagne, mais ils avaient baissé les bras devant l'ampleur de la tâche. J'allais au collège, la première année. Mélinda assurait son service d'institutrice. Arthur remplissait la bétonnière, gâchait du plâtre, empilait des briques et des pierres. Papa était détective privé. Du moins, il possédait de belles cartes imprimées de lettres colorées qui proclamaient cette raison sociale.

Squalo & Cie
Filatures. Recherches dans l'intérêt des familles.
Enquêtes toutes natures. Discrétion garantie.

Compagnie ? Ce devait être maman et moi, mais nous ne posions pas la question.

– J'attaquerai réellement ce boulot quand la ferme sera habitable et quand Bertille atteindra sa seizième année. Pendant deux ans, je fais le maçon et après on ouvre au Val Brûlé un cabinet de détective privé dont la France entière entendra parler.

Les yeux de mon père brillaient de convoitise devant cet avenir qu'il supposait aussi paradisiaque que notre présence dans ce hameau, selon les espérances de maman.

J'avais seize ans, maintenant. Pourtant, Arthur conservait son paquet de cartes si appétissantes, bouclé dans un tiroir de *son bureau*, lequel bureau ne dévoilait pas le moindre signe encourageant de son futur métier. Il renfermait bien une loupe – « C'est dingue le nombre d'indices qu'une bonne loupe révèle », affirmait papa – mais elle servait exclusivement à sa collection de timbres. J'avais décidé qu'à seize ans j'aiderais Arthur, de façon à donner une réalité à l'expression mensongère « Squalo & Cie ». J'éblouirais mes copains en leur annonçant que j'appartenais dorénavant au cabinet de DP Arthur et Bertille Squalo.

Je n'allais plus au lycée. Cessation brutale de toute activité scolaire le jour de mon seizième anniversaire, deux mois après mon entrée en classe de première. À quoi bon ? Mes ambitions allaient au-delà d'un diplôme. Quand on me posait la sempiternelle et si stupide question « Plus tard, tu feras quoi ? » je souriais, clignais de l'œil ou dressais un pouce mais ne répondais pas. Il existait tant de possibilités qu'une seule vie ne suffisait pas. Détective privé, certes, mais cette occupation arrivait en fin de liste. Écrivain, artiste peintre ou sculpteur, PDG d'une start-up occupant un créneau encore inconnu, journaliste à la télévision, actrice de théâtre, voyageuse autour du monde, alpiniste, première femme pilote de Formule 1 : mon imagination ne s'arrêtait pas là. Je venais de commencer l'écriture d'un premier roman.

Quand un adulte insistait – et ça arrivait souvent, parce que leur cerveau élaborait des désastres puisque je n'allais plus à l'école –, j'élargissais mon sourire et disais :

– Je verrai bien. En tout cas, je ne m'ennuierai jamais. Vous entendrez parler de moi.

Mes parents m'approuvaient.

– Tu as le temps de penser à ton avenir, Bertille. Profite au maximum de ta jeunesse avant de te cloîtrer dans un travail et la vie d'adulte.

Dans la liste « tu feras quoi plus tard », j'aurais pu ajouter : accueil de touristes en chambres d'hôtes, puisque papa avait décidé de transformer la grange en hôtel.

– Cette nuit, j'ai eu une idée tout simplement géniale, avait-il déclaré un matin, pendant le petit déjeuner.

– Laquelle, mon chéri ? avait demandé Mélinda, sa méfiance creusant des sillons inquiets sur son front habituellement lisse.

Sa main droite cessa de beurrer une biscotte. Maman et moi attendions l'idée géniale, nos corps en apesanteur, tant les idées formidables d'Arthur débouchaient parfois là où aucun être humain sensé ne s'aventurait. Un instant, je me mis à croire qu'enfin nous ouvririons notre cabinet de détectives privés, mes parents m'ayant offert, le jour anniversaire de mes seize ans, le scooter 50 cm^3 qu'ils m'avaient promis. Papa avait dit :

– Tu en auras besoin, ma grande, pour te transporter à droite et à gauche pendant nos enquêtes, puisque j'utiliserai la Clio.

Il avait lorgné Mélinda et ricané un peu en ajoutant :

– Ta mère va travailler à Sponge en bécane, bon, six kilomètres, okay, une instit en vélo, okay, ça fait bobo intello écolo, okay, mais un détective privé en bécane, heu...

L'idée lumineuse de papa ne concernait pas notre avenir lumineux de détective privé. Quoique... Sans le vouloir, il nous engagerait quand même sur cette voie-là.

– Ton idée *géniale*, mon chéri ? insista maman, en léchant la confiture contenue dans sa petite cuillère, alors que papa buvait sa première des cinq tasses de café du matin.

– On transforme la grange en chambres d'hôtes, annonça Arthur, son visage éclairé du sourire éblouissant de celui qui vient de gagner une fortune au loto.

Le pouce levé devant lui, qu'il brandouillait comme si la maladie de Parkinson le frappait, nous interdisait de protester. Il poursuivit son explication :

– La région s'ouvre au tourisme, il y a un pactole à... *engranger*... ha ha ha, il fallait la faire celle-là... J'ai calculé qu'on pourrait créer quatre piaules, soit à cent euros la nuitée qu'on multiplie par quatre et cinq nuitées par semaine durant douze semaines, donc au bas mot sans compter les p'tits déj...

– Stop ! rugit Mélinda, interrompant le flot de notre fortune à venir.

Sa main droite se dressa entre eux, fragile rempart face aux idées *géniales* d'Arthur. Quant à moi, je cachais ma consternation derrière mon sandwich confiture de mûres/confiture d'abricots/confiture de fraises.

Transformer la grange ? Réattaquer de nouveaux travaux alors que nous venions de trimer durant deux ans et commencions à peine à souffler ? Papa exagérait. Maman le lui fit savoir à sa façon.

– Avec quel argent se lance-t-on à nouveau dans le bâtiment, puis dans l'hôtellerie ?

Arthur, délaissant son petit déjeuner, expédia ses deux index vers le ciel, leur imprimant des mouvements de piston. Il afficha un sourire épanoui et mit les points sur les i.

– Mais le tien, ma chérie, comme d'habitude. Je te rends un immense service : nous traversons une période de crise économique à la fin de laquelle les banques t'auront piqué ce que tu possèdes, donc je te propose une idée géniale d'investissement afin d'échapper au désastre.

Papa abusait du mot « génial », surtout à cette époque, car il fallait se doper le moral en se réveillant le matin, dans ce coin perdu d'une campagne austère, pauvre, souvent noyée sous un brouillard affligeant.

La répartie d'Arthur nous fit éclater de rire. Mélinda était notre banquier. Ce n'était évidemment pas son salaire médiocre d'institutrice qui autorisait nos folies, mais un *héritage*. Un *héritage* tout à fait étrange, je l'admets, mais il n'était qu'une des nombreuses bizarreries de notre famille. Le père de maman – que j'appelais « papi blues » – avait amassé une respectable fortune en vendant des tonnes de cassettes, puis de CD, de *musique argentine*, sous le nom ronflant de Miguel Banderas. Son véritable nom était Paul Martin. Il ne connaissait de l'Argentine que les documentaires de la télévision et ce qu'il lisait dans les guides touristiques, mais il jouait du bandonéon mieux que n'importe quel Argentin. L'exotisme de la publicité faite autour de son enfance misérable dans les taudis de Buenos Aires avait propulsé les ventes du *véritable tango argentin* interprété par Miguel Banderas dans la stratosphère d'une ahurissante réussite.

Cinq ans auparavant, mon grand-père si admirablement riche avait décidé de tout plaquer et de se retirer dans un monastère de Haute-Savoie, après avoir légué sa fortune à sa fille unique.

Je me perds un peu dans ce labyrinthe familial et il me faut revenir à *la géniale idée* de papa. Maman accepta ce nouveau plongeon au cœur de son compte en banque, non sans souligner ce déraillement de carrière.

– Si je comprends bien ton père, ma petite Bertille, ces projets de travaux l'éloignent de son destin de détective privé et, du même coup du tien aussi, en tant qu'assistante privilégiée du nouveau Sherlock Holmes. Tu en penses quoi, ma chérie ?

– Oh ouais, bonne idée, ce sera marrant !

Je mentais. J'aimais trop mon père pour le contrarier et l'empêcher de rêver. Pourtant, fabriquer du béton, monter des cloisons ou peindre des murs, j'en avais ma dose pour la vie ! En revanche, devenir hôtesse d'accueil de touristes égarés dans notre vallée m'attirait davantage. Je n'écartais pas la perspective de croiser de beaux jeunes mecs de mon âge qui logeraient de l'autre côté de ma cour. À minuit, quand nos parents respectifs dormiraient, nous pourrions nous retrouver en pyjama en bordure du pré, derrière la grange, sous le clair de lune. J'avais aussi le droit de rêver. De toute façon, je m'étais lancée dans l'écriture d'un premier roman qui exploserait inévitablement les courbes des plus hautes ventes. Ce travail me changerait du béton. En outre, mon scooter me permettrait de m'échapper chaque fois que papa me soûlerait de sa musique ringarde qu'il écoutait à plein volume en maniant la truelle.

Et voilà pourquoi je me retrouvais dans la grange le jour de notre terrifiante découverte.

C'était un mercredi de printemps. Un soleil jaune citron éclairait le Val Brûlé. Le ciel était d'un bleu limpide. Les oiseaux piaillaient dans les arbres et trois tiercelets planaient au-dessus des champs plantés de blé encore vert. J'avais déjà écrit plusieurs pages de mon roman qui s'annonçait – je n'en doutais pas – comme *l'incroyable chef-d'œuvre d'une écrivaine précoce et géniale*. J'obtiendrais sûrement le prix Goncourt.

Donc, tout allait bien ce mercredi 4 avril 2012.

Nous commencions les travaux dans la grange. Arthur, torse nu, autoproclamé directeur de chantier, nous répartissait les tâches en criant ses conseils afin de couvrir la voix de John Lennon que délivrait le lecteur de CD. Il ne confiait à maman que ce qui lui paraissait le moins dangereux pour ses mains d'institutrice qu'elle utiliserait le lendemain. Mélinda l'écoutait à peine. Elle agissait à sa guise, mais l'ampleur du projet « chambres d'hôtes » l'épouvantait.

Elle s'accordait de longues pauses. Elle en fit encore une ce matin-là et déclara :

– Bertille, tu ne trouves pas que mon jules qui est aussi ton père est probablement le plus beau mec qui existe sur cette terre ? Elle toussota, ajouta très vite : En tout cas, au Val Brûlé.

Elle reboulait comiquement ses yeux en fixant papa. C'était sa façon à elle d'écarter la rafale de conseils que débitait la bouche infatigable d'Arthur. Afin de la soutenir, je mis mon pouce en avant en criant un « ouais ! » enthousiaste. Oui, papa était un beau mec ! Un mètre quatre-vingt-cinq de muscles et un visage à la Clooney vantant dans la pub les cafetières Nespresso. Il estimait que ressembler à un acteur de cinéma ne convenait pas à un détective privé censé être un dur à cuire, comme dans les romans policiers. Il conservait donc des cheveux très longs qu'il rassemblait sur sa nuque à l'aide d'un catogan.

– N'est-ce pas, Bertille, que je fais guitariste tsigane avec mes tifs noirs dans le cou ?

– Bien sûr, bien sûr !

Je ne connaissais aucun guitariste tsigane. Et je pensais qu'Arthur ressemblait plutôt à un SDF qu'à un musicien, mais je n'aurais jamais fait un pareil aveu.

– Donc, pour commencer, on s'attaque au sol de cette foutue grange ! décida mon père. On fait sauter les dalles, on pose un plancher provisoire et ainsi on pourra apprécier la surface aménageable et dessiner un plan approximatif de chaque pièce. Okay, les filles ?

Je n'étais pas d'accord. Commencer les travaux par le niveau inférieur de la grange n'était pas logique. Mais, les jours précédents, papa s'était coltiné le déménagement complet de ce niveau inférieur, un épouvantable foutoir composé de déchets divers, de pierrailles, de vieux outils rouillés, de planches à demi pourries. Tout ça datait de la préhistoire, personne depuis des années n'ayant cherché à entrer là. Je voulais d'autant moins mettre un bémol à l'enthousiasme d'Arthur que j'étais une tâcheronne pas très douée.

– Je descelle les dalles, annonça mon père, Bertille évacue la terre et toi, Mélinda, tu ratisses afin de ramener le sol à une surface à peu près plane. Okay ?

Maman me considéra en grattant de son ongle le dessous de son nez, signe qu'elle hésitait entre le fou rire et la rébellion. Je hochai la tête et elle choisit une troisième solution.

– Okay, boss. Bertille est d'accord mais moi, je vais m'accorder peut-être une courte pause.

Arthur nous acheva par une dernière annonce :

– Comme ça, on s'entraînera à creuser et comme une maison d'hôtes aujourd'hui ne peut pas ouvrir sans que les clients disposent d'une piscine... après la grange, on installera la piscine.

Là, on éclata de rire. Le genre de rire mi-figue mi-raisin de celui qui reçoit un cadeau lamentable et doit quand même montrer sa satisfaction. Et on se mit au travail.

La partie qui m'était réservée se trouvait au fond de la grange. Dans un coin, Arthur avait déjà retiré cinq dalles, la veille au soir, testant ainsi sa méthode et me préparant mon menu de la matinée. Je me demandais, assez inquiète, combien je devrais sortir de brouettes de terre et de caillasses.

– Je vendrai les dalles à un Parisien pour sa maison de campagne, avait annoncé mon père. Ils adorent ces vieux matériaux. L'authentique de la cambrousse les rend mabouls.

Il avait ri. Moins ri en évacuant les dalles de calcaire qui pesaient chacune des tonnes.

J'avais prévenu que j'accordais trois heures, pas une de plus, à notre avenir d'hôteliers. Après, je sauterais sur mon scooter, direction Sponge où Édouard m'attendait pour jouer au tennis. Ou faire autre chose. D'ailleurs, le garçon s'appelait-il Édouard ou Fabrice ou Mathias ? Je m'embrouillais un peu ces derniers temps et mettre de l'ordre dans mon agenda et dans le répertoire téléphonique de mon portable devenait impératif.

Malgré l'heure matinale, il régnait déjà une température de four sous le toit de la grange. Le soleil, incroyablement chaud pour un mois d'avril, transformait les tuiles en autant de bouillottes. Maman, près d'Arthur, travaillait en maillot de bain. Un deux-pièces jaune, qui ne le resterait pas longtemps. Entre deux coups de pelle ou les allers-retours de mon râteau sur le sol, j'observais ma mère.

Elle était belle ! Pas autant que mon père, puisque j'avais décidé qu'aucun être humain n'approcherait jamais la beauté de papa (et les garçons que je collectionnais pouvaient toujours courir !), mais quand même ! Dois-je avouer qu'une pointe de jalousie me poussait parfois à chercher un défaut physique à Mélinda ? Il me fallait beaucoup pinailler pour en trouver un d'acceptable.

– C'est plein de sable ici, pas de la terre ! Je fais quoi ? Je l'enlève ?

Je criais. Le lecteur de CD de papa braillait une de ces vieilles musiques qu'aimaient mes parents... enfin, surtout Arthur qui imposait ses choix. Ce devait être un groupe anglais des années 1960. J'avais du mal à retenir les noms. Ils commençaient presque tous par *the*, mais *the quoi* ?

– Qu'est-ce que tu dis, Bertille ? hurla papa en retour, posant le pic avec lequel il s'échinait à desceller les dalles.

– Il y a du sable, pas de la terre !

Il n'entendit pas mieux. Il surveillait le travail au ralenti de Mélinda. Elle baladait avec consternation ses yeux autour du volume impressionnant de la grange. Elle se demandait combien de siècles il nous faudrait pour parvenir à bout de ce chantier. Je suis certaine qu'elle ne pensait qu'à une chose : « Vivement demain que je récupère ma classe de CM2 à Sponge. »

Je montrai le sol en lui assénant un coup de pelle.

– Du sable !

– Enlève ! hurla Arthur.

M'avait-il comprise ? Je ne crois pas, mais hurler « Enlève ! » demandait moins de sacrifice que d'aller jusqu'au lecteur de CD et baisser le volume sonore. Ça me convenait. Le sable pesait moins lourd que la terre. Comme la surface était bosselée, je retirai quelques pelletées mais plus je creusais plus j'obtenais un sol ondulé et instable. Il fallait atteindre la terre ou un niveau composé de pierres de façon que mon père puisse y poser son plancher provisoire. Plus je déplaçais ce sable gris et collu, plus j'estimais que mon travail était mauvais. Je me rendais compte que j'étais une bricoleuse assez nulle, creusant ici, remblayant là et, au final, je n'aboutissais à rien de correct. Ça me mit en colère. Pourquoi écrire un roman me semblait si facile alors que je me montrais incapable de manier un outil ?

Quelque chose de vert apparut dans la brouette, là où je venais de jeter une pelletée de sable. Je posai la pelle, écartai le sable et la terre qui s'y mélangeait. Je vis une sorte de pierre verte, de forme cylindrique, assez semblable à un crayon dont la longueur n'aurait pas excédé cinq à six centimètres. L'objet était parfaitement lisse et vraiment joli. Il était percé d'un trou, tout en haut. Un trou régulier qui le traversait. Je frottai la pierre. Elle brilla aussitôt d'un éclat vif, un peu comme si je tenais une agate de verre neuve. La pierre, maintenant, était magnifique. On voyait qu'elle n'était pas dans son état naturel. Une main d'homme l'avait polie et percée d'un trou.

- Maman !

Ma mère, à genoux, nettoyait les dalles de pierre que papa avait retirées. Étrange initiative puisqu'elles traîneraient dans notre cour pendant des mois, jusqu'à ce que nous parvenions à les vendre à ces fameux Parisiens amateurs d'*antiquités*. Elle ne m'entendit pas.

- Papa !

Il faisait une pause cigarette et Elvis Presley. Ce nom de chanteur là, je le connaissais. Combien de milliers de fois avais-je entendu *Jailhouse Rock* ? Papa balançait son bassin en rythme. Il m'avait expliqué : « *Elvis, the pelvis !* » Je fis une grimace et abandonnai tout espoir d'aide de ce côté-là aussi.

Je mis la pierre dans ma poche. Je la montrerais plus tard. De toute façon, mes parents ne sauraient probablement pas me dire ce qu'elle était. Avant de reprendre ma pelle, je songeai que cette pierre me ferait un très beau pendentif. Et mystérieux, en plus. J'achèterais une lanière d'un beau cuir vert ou une chaînette discrète, en argent.

Ma respiration se mit à ralentir. Une certitude me vint à l'esprit. La pierre était un pendentif. Le poli, le trou régulier situé en haut... des indices évidents. Mais alors, si quelqu'un l'avait portée pendue à son cou...

Je jetai un coup d'œil du côté de mes parents. D'Arthur, surtout, le futur enquêteur de génie que connaîtrait ce XXIe siècle. Et, dans les récits de détectives privés que racontait papa, au bout d'un indice on trouvait toujours quelque chose de louche. De dangereux, parfois. Le pire... oui, même le pire découlait d'indices mystérieux.

Ma pelle accéléra ses mouvements. Je reconnais maintenant que j'espérais non pas le pire, mais le meilleur. J'allais découvrir un trésor. Les traces d'un ancien habitat, pourquoi pas des Romains ayant enterré leurs sesterces d'argent ? Ou une merveille archéologique ? N'importe quoi permettant à la famille Squalo d'échapper à ce destin peu glorieux d'hôteliers au rabais. Même avec piscine.

Ma pelle heurta une résistance. Je me mis à genoux. Mes mains travaillaient plus vite et plus précisément. Une découverte archéologique méritait le respect.

Mes mains touchèrent l'obstacle. Évacuèrent le sable. Prirent *l'objet*, le levèrent afin de le placer en pleine lumière.

– Maman ! Papa !

Mélinda et Arthur me dirent plus tard que j'avais eu un malaise. Ils m'avaient vue m'effondrer et c'est pourquoi ils avaient couru vers la tombe.

Je venais de déterrer un crâne humain.

2

1966

J'écris cette histoire pour ma fille Léa. J'essaierai de rendre le texte aussi vivant que possible afin que Léa ne cesse de me lire au bout de cinq pages, en pensant que les élucubrations d'un père qui radote n'ont aucun intérêt.

Je dispose de peu de temps. Je le sais. Léa et Rébecca, mon épouse, le savent aussi, évidemment, et sans doute même mieux que moi car les médecins ont dû donner des précisions. Des délais.

Je les entends marcher en bas, dans le salon qui se trouve juste sous ma chambre. Je pourrais leur parler. Les mots prononcés n'ont pas la même force que les mots écrits. En outre, ils ne restent pas, le temps les emporte puis les efface à jamais. Je souhaite que ces pages demeurent, pour toi Léa, pour tes enfants, pour les enfants de tes enfants. J'aimerais tant que ce récit se transmette de génération en génération. D'ailleurs, me croiraient-elles ou se diraient-elles qu'elles entendent les délires d'un mari et d'un père au bord du gouffre ? Il me reste peu de temps, ai-je écrit, mais je n'éprouve ni chagrin ni angoisse pour peu que ce temps résiduel suffise à remplir ce cahier. J'ai assez vécu. Même trop peut-être, tellement le poids que j'ai porté durant ces soixante et une années a été lourd. Après tout, Léa et Rébecca sont heureuses, l'avenir s'annonce sans ombre. Mon récit n'en constituera pas une, bien au contraire. Je veux que Léa connaisse son père et l'aime pour ce qu'il a été et non pour ce qu'elle a cru connaître de lui. Je veux qu'elle entre dans sa vie d'adulte débarrassée des silences et des mensonges qui ont été si souvent le lot de son enfance et de son adolescence.

J'ai cru bien faire, sans doute ?

Ou alors, j'ai eu peur de dévoiler la vérité, peur que Léa l'apprenant aime ensuite moins son père ? Le déteste ? Le rejette ? Je ne risquais rien de Rébecca qui savait qu'il existait en moi une part de nuit, qui en connaissait aussi l'origine. Elle l'acceptait, sans exiger davantage d'explications que ce que j'acceptais de révéler.

Je me rends compte que je tourne autour du pot. Que je suis à nouveau en train de fuir. De repousser ce moment qui me ramènera presque cinquante ans en arrière.

Ça suffit !

Maintenant, Léa ma chérie, ton père te parle.

C'était en 1966. Anélie et moi vivions presque comme frère et sœur à Bourg-Calat, un village proche de la cascade de Takamaka. À peine un kilomètre d'un chemin pentu séparait nos cases. Comme toutes les autres, elles se cachaient plus ou moins au milieu d'une épaisse végétation, étouffante par temps de pluie, qu'éclaircissaient de petits champs de bananiers ou de légumes. Je me souviens qu'il y avait partout des enfants, que nous traînions à longueur de journée, plus ou moins livrés à nous-mêmes. Ceux qui allaient à l'école disparaissaient à l'aube et rentraient à la nuit. On les voyait grimper les sentiers de terre noire, à travers les collines, portant leur musette. Cinq kilomètres à pied le matin, autant le soir. Ni Anélie ni moi ne descendions souvent à l'école de Grande-Pierre. Ce n'étaient pas les kilomètres qui nous rebutaient : nous en faisions bien davantage pendant nos occupations de la journée. Non, simplement personne dans nos familles ne se souciait assez de l'école pour veiller à sa fréquentation régulière.

Je ne sais plus pour quelles raisons Anélie, alors âgée de dix ans, était devenue mon amie, presque ma sœur, alors que j'en avais douze et qu'il existait une ribambelle de gamins de mon âge, ou plus grands, qui auraient mieux convenu. Je me rappelle seulement que c'est notre première rencontre qui scella non seulement notre amitié mais aussi notre destin commun. J'étais sorti de la case au milieu de la matinée.

– Où tu vas, Ylisse ? avait grogné mon père, entre deux ronflements, depuis son lit dévasté où il cuvait encore son rhum de la veille.

– Quelque part.

C'était ma réponse préférée. Il se fichait de savoir où j'allais, ce que je ferais de ma liberté. L'essentiel était que je sois rentré le soir à la maison, une fois la nuit venue. Et que personne ne me fasse du mal.

– Si quelqu'un te menace, tu me préviens, Ylisse, et celui-là il est mort.

Je le dévisageais, sans dire un mot, ce qui revenait à lui annoncer que je me sentais plus capable de me défendre que lui. Il l'admettait aussitôt, se frappant la poitrine d'une façon qui me mettait mal à l'aise et que je détestais.

– T'es grand, Ylisse, t'as pas grand-chose comme père alors va falloir que tu te débrouilles plus souvent sans moi qu'avec moi.

Le matin de ma première rencontre avec Anélie, il fit une tentative pour me retenir.

– Ta tante viendra tout à l'heure. Elle n'aimera pas te voir dehors jusqu'à la nuit.

Il se retourna et se rendormit. Tante Sélisse habitait dans les Bas, à plus de vingt minutes de marche, mais elle venait chaque jour ou presque à la maison. Elle donnait l'argent de notre survie, préparait les repas, entretenait la case et me serrait contre sa volumineuse poitrine en pleurant et gémissant.

– Mon pauvre petit, qu'est-ce que tu vas devenir ?

Les effusions de tante Sélisse ne m'emballaient guère, mais je les acceptais parce que je l'aimais autant que mon père, même si sa peau sentait la transpiration aigre et la banane trop mûre.

Je mentais à mon père, sachant très bien où j'allais, alors que lui n'irait nulle part, étant sans travail depuis plusieurs années. Sans femme, non plus, ma mère l'ayant quitté en même temps qu'elle quittait l'île de Maloya cinq ans auparavant. Il se contenterait de boire du rhum à Grande-Pierre en jouant aux dominos avec d'autres chômeurs. Quant à moi, comme chaque jour ou presque, je me réfugierais près du Bois des Marrons, qui n'était pas autre chose qu'une surface de bambous abandonnée entre des champs. J'y tuerais autant d'oiseaux que possible, durant des heures, à l'aide de mon lance-pierre. Un carnage violent, inutile, qui me remplissait tout à la fois de dégoût et de satisfaction. Parfois, tante Sélisse en cuisinait quelques-uns, mais la plupart étaient immangeables. J'abandonnais les cadavres sous les bambous.

– Pourquoi tu tues les oiseaux ? demandait mon père. Ils ne t'ont rien fait, eux.

Il s'emportait si je tuais une espèce rare. Il m'avait même giflé le jour où j'avais rapporté une guifette. Il avait raison. Je me souviens d'être rentré à la maison, balançant le corps raidi dans ma main droite et m'injuriant pendant le trajet, chantonnant : « T'es con, pourquoi t'es aussi con. » C'est ma sottise que je tenais pourtant à placer sous le regard de mon père.

– Mais qu'est-ce qu'on va bien faire de toi, mon petit ? se lamentait tante Sélisse, en considérant le paquet de plumes que je déposais parfois sur le plancher bosselé de notre case.

Il arrivait qu'elle me chope par un bras, alors que je voulais déjà filer, pris de honte. Elle m'emprisonnait entre ses jambes. La chaleur de ses cuisses chaudes m'enveloppait.

– Pourquoi tu es un garçon aussi violent, Ylisse, mon petit ? s'inquiétait ma tante. Tu te bats avec les autres enfants, tu massacres les oiseaux, tu as même tué un chien une fois et les gendarmes sont venus...
Elle interrompait ses plaintes en formulant ce reproche.

Elle refusait d'évoquer la journée passée à la gendarmerie de Grande-Pierre parce que j'avais volé la bicyclette du fils de l'instituteur, puis, ne pouvant pas l'utiliser sur les chemins pierreux ou terreux des Hauts, je l'avais détruite à coups de marteau avant de balancer les morceaux dans la décharge publique.

Le jour de ma première rencontre avec Anélie, je me tenais assis sur un gros rocher, mon poste de chasse habituel, à l'orée du Bois des Marrons. J'avais à mes pieds un paquet de foudis. Certains, tués depuis deux heures, étaient déjà raidis par la mort. Tuer des oiseaux était facile. J'étais devenu très compétent, dans ce domaine. « Le roi du lance-pierre », disaient les autres garçons qui commençaient à me redouter depuis que j'avais failli éborgner un gamin d'une pierre en plein front. J'appâtais les futures victimes en éparpillant du pain sous les bambous et autour de mon rocher. Il suffisait ensuite de patienter, attendre que la faim tienne son rôle et préparer lentement son coup, sans gestes brusques. Il arrivait que je décapite l'oiseau ou le réduise en bouillie sanglante si mon projectile était une trop grosse pierre ou un caillou pointu.

– Tu fais quoi ?

La fille, parvenue en catimini dans mon dos, était frêle et grande comme un roseau. Elle était très belle. Une peau d'un caramel pâle, d'immenses yeux d'un vert liquide posés entre deux nattes qui tombaient négligemment sur ses joues. Sa beauté n'aurait pas suffi à retenir mon attention. Je ne m'intéressais pas aux filles. Je lui aurais dit « Tire-toi ! Fous-moi la paix ! » si elle n'avait ajouté, ses yeux pétillants de malice :

– T'es un nègre. J'aime pas trop les nègres.

J'éclatai de rire. Sa provocation me plut. Ma peau était plus noire que la sienne. Normalement, l'injure idiote que nous utilisions souvent entre nous, les garçons, se serait soldée par une gifle, mais je ne frappai pas Anélie. Je dis « Ouais, t'as raison », puis je montrai le tas d'oiseaux morts et dis encore :

– Eux n'aimaient pas les nègres non plus, alors je les ai tués. Tu t'appelles comment ?

C'était étrange que je ne connaisse pas cette fille. Bourg-Calat n'était pas si gros. Elle devait habiter une maison isolée, plus bas, une de ces cases perdues entre les champs de cannes à sucre qui rampaient jusqu'à mi-hauteur des collines.

– Toi, tu t'appelles Ylisse et tu es un voyou, répondit la fille, sans donner son nom. C'est ma mère qui me l'a dit et elle m'a dit aussi de ne pas t'approcher ni te parler parce que tu es un garçon dangereux.

Je secouai mon lance-pierre pour faire le malin, mais en réalité cette grande fille m'intimidait d'autant plus que je manquais de pratique, en ce qui concernait la fréquentation des filles. Elle portait une jolie robe jaune et des chaussures jaunes aussi, très inattendues et inappropriées pour traîner dans les champs et sur les sentiers de terre. Des chaussures de femme. J'appris plus tard qu'elles appartenaient à une tante chez qui Anélie avait vécu, qu'elles étaient bien trop grandes, même bourrées de papier et même si des trous supplémentaires avaient été percés dans les lanières de cuir. Elles lui donnaient cette démarche si curieuse, hésitante, un peu comme si Anélie traversait perpétuellement une rivière à gué en sautant de pierre en pierre. Les rubans jaunes accrochés à l'extrémité des nattes m'impressionnaient aussi. Peut-être qu'en définitive, à l'époque de mes douze ans, toutes les filles m'impressionnaient plus ou moins.

– J'ai dix ans, m'informa Anélie. Je n'aime pas les oiseaux non plus. Ils me font peur parce qu'il y en a trop. Avant, je vivais à Grande-Pierre et là-bas, il n'y en a presque pas. Tu me montres comment on les tue au lance-pierre ?

– Ton nom ? Si tu me le dis, je t'apprends à viser avec mon lance-pierre. T'es culottée, comme fille.

– Je sais qu'on dirait que j'ai beaucoup plus de dix ans, peut-être au moins quinze, mais je n'ai pas encore de poitrine.

Je ne suis pas pressée que mes seins poussent de toute façon parce que nous les filles quand on a de la poitrine, on a aussi des ennuis avec les garçons merdeux.

J'éclatai une nouvelle fois de rire. Anélie avait le chic pour ne pas répondre aux questions que je lui posais. Je la trouvais vraiment audacieuse d'employer l'expression « garçon merdeux » en me faisant bien sentir que je pourrais entrer dans cette catégorie. Elle écarta ses nattes de son visage et les fit tournoyer comme les roues d'une bicyclette. Elle me surveillait. Est-ce que je méritais ses confidences ? Elle se décida après avoir soupiré.

– Je m'appelle Anélie Rivière, j'habite maintenant avec tout le monde près de l'étang aux crapauds, plus bas, et quand tu viendras là-bas, je t'interdis de tuer un seul de mes crapauds et en échange je préviendrai ma mère et mon père que tu n'es pas plus voyou que mon cousin Jean-Pierre qui est un des garçons merdeux de Grande-Pierre.

Ainsi commença mon amitié avec Anélie. Elle dura quatre ans et nous ne devions guère nous quitter durant ces quatre années. Je ne me souviens plus de toutes nos occupations au cours de cette première journée, seuls quelques flashs de mémoire ont traversé ce demi-siècle. Les journées se déroulaient plus ou moins de la même façon à Bourg-Calat.

Anélie voulut que je rencontre sa famille. Je ne voulais pas, mais elle utilisa une ruse imparable.

– Viens, chez moi il y a plein de bonbons.

La perspective de manger des bonbons aurait dû être sans attrait pour un garçon de douze ans, tueur d'oiseaux, mais il n'y avait pas assez d'argent chez moi pour que j'aie l'occasion de savourer une quelconque friandise. La mère d'Anélie travaillait épisodiquement dans une fabrique de bonbons La Pie qui chante, située de l'autre côté de l'île, à la Pointe des Roses. Durant cet emploi d'un mois, loin de Bourg-Calat, elle s'approvisionnait pour l'année entière.

Comme je l'avais deviné, Anélie habitait une case accrochée à mi-pente des collines, près des premiers champs de cannes à sucre, dans lesquels son père travaillait comme coupeur à la période des récoltes et, entre-temps, si l'occasion se présentait, comme ouvrier agricole. Les occasions étaient aussi rares que les ouvriers agricoles étaient nombreux.

En cours de route – pourquoi je suivais cette fille, ainsi qu'un chien docile suit son maître ? Je ne vois pas d'autres explications que la fascination éprouvée en regardant les rubans jaunes qui dansaient à l'extrémité des nattes d'Anélie – elle me servit encore quelques vacheries.

– T'es moche, avec ce short trop petit. T'es trop musclé, ça sort de partout et quand tu cours on dirait que tes couilles vont tomber par terre.

Cette fois, la désobligeante remarque ne me fit pas rire. Le lendemain, je tannai tante Sélisse pour qu'elle descende à Grande-Pierre m'acheter un short décent et un nouveau T-shirt. Elle accepta, rapporta un vêtement kaki très acceptable, muni de deux poches profondes que je pouvais remplir de caillasses. Le T-shirt me plaisait davantage encore. On y lisait le nom de Kopa, un célèbre joueur de foot de l'époque.

Anélie me présenta à ses parents comme si nous étions deux futurs jeunes mariés. Ils se tenaient assis devant leur case, une jolie maison toute en bois, aux murs peints en jaune et rouge. Une cour, des poules en liberté, deux chiens maigres et, au milieu de tout ça, d'autres enfants qui jouaient et ne se préoccupaient pas de nous. Anélie saisit ma main et me tira jusqu'au siège de toile sur lequel son énorme mère tentait de loger des fesses beaucoup plus impressionnantes que celles de tante Sélisse.

– Maman, voilà Ylisse, mon meilleur ami.

– Je le connais, bougonna la mère, retroussant ses lèvres d'une façon qui indiquait sa désapprobation.

Ainsi, sa fille bravait ses conseils et fréquentait *le voyou* qu'elle transformait déjà en *meilleur ami*. Il me semble qu'elle me lorgnait comme elle lorgnait probablement une peau de banane jetée dans sa cour.

Anélie se tourna vers moi et pressa très fort ma main.

– Ma mère s'appelle Ombeline Rivière. Si tu lui parles, c'est mieux que tu dises madame.

Son regard opéra une courbe qui menait à sa mère.

– Ylisse n'est pas un voyou. Comme il sera mon meilleur copain pour toujours, tu devrais prendre l'habitude tout de suite.

La mère haussa les épaules, souleva son ample robe afin de la décoller de ses cuisses. Elle l'agita, s'accordant ainsi un peu d'air et de temps, laissa retomber le tissu et marmonna : « Ouais, ouais, je vois ça. » Elle s'adossa au mur de la case derrière elle et ferma les yeux comme si nous étions partis. C'était une façon de me faire disparaître.

Anélie me poussa vers son père. Il riait silencieusement. Lui aussi était gros. Et petit. On aurait dit une de ces bonbonnes ventrues en verre dans lesquelles on amassait des fruits jusqu'à ce que leur pourriture donne le moult. Ce magma assez répugnant était distillé et on en tirait un alcool très fort, plus dangereux pour la santé que le rhum.

– Papa, m'annonça Anélie. Camélien. C'est chouette, hein ?

Je n'avais pas dit un mot. Je n'en dirais que trois ou quatre, pas davantage, ce jour-là. J'inclinai vaguement la tête puis retirai ma main de celle d'Anélie. J'avais quand même ma fierté et, afin de la montrer, je fis tournoyer mon lance-pierre dans ma main droite. La pose de David affrontant Goliath avec sa seule fronde.

– Ylisse est champion, déclara Anélie. Il tue un oiseau à chaque coup. S'il voulait, il pourrait tuer n'importe quel animal et je te jure que personne n'a intérêt à le chercher s'il ne veut pas finir à l'hôpital direct.

Camélien Rivière émit un gargouillement rauque. Plus tard, je devais comprendre qu'il s'agissait d'un deuxième cran dans la gamme de ses façons de rire, un cran sonore qui valait approbation de ce qu'il entendait.

— Tu changeras jamais, ma petiote. T'as toujours autant de mots dans ta tête qu'un dictionnaire.

Il tendit la main droite, désigna mon lance-pierre.

— Pas terrible, ton arme. Je t'en fabriquerai une autre avec un bout de chambre à air de camion et avec mon engin, je te garantis que tu pourras même tuer un héron et pourquoi pas un sanglier pendant qu'on y est.

Ses paupières papillotaient et un sourire malin dévoilait ses dents. Il fit clignoter plusieurs fois son œil droit. Sa main pivota vers sa fille.

— Moi, je suis moins dragon que ta mère, alors ton copain ça me va, mais quand même, pense pas qu'on va te marier avant que tu possèdes tout ce qu'il faut pour rendre un homme dingo.

Un pareil accueil m'embarrassait. Je n'étais pas habitué à des propos si directs de la part d'un adulte. Je commençais aussi à trouver le temps long et j'étais pressé de partir. Anélie s'en aperçut.

— Bon, on s'en va. Peut-être que cet après-midi on descendra à Grande-Pierre.

— À l'école ? ricana Camélien. Ce serait pas une mauvaise idée d'y aller plus souvent et même que tu ferais bien d'y emmener aussi la marmaille qui fait un boucan de tous les diables. Ta mère et moi on commence à en avoir les oreilles en trompette.

Sa main balaya l'espace, montrant la marmaille.

– Mes frères et sœurs, annonça Anélie. J'en ai sept, ils ne sont pas tous là. Deux bien plus grands que moi, les quatre que tu vois dans la cour et il en manque un je ne sais pas où.

Elle ne me donna pas leur nom, maugréa « Des fois ils sont casse-pieds » puis clama :

– On prend des bonbons, papa, et on s'en va.

Elle entra dans la case, me plantant là, avec ses parents. Camélien Rivière changea alors complètement d'attitude. Il se leva, me saisit le bras droit et m'entraîna à l'écart, à une dizaine de mètres de sa femme et de sa marmaille. Je n'en menais pas large. Il allait me flanquer une raclée ? Mais pourquoi ? Soudain, il me lâcha et me montra la route en contrebas qui escaladait une des collines moins élevées qui entouraient Bourg-Calat.

– Faites gaffe, les gamins. Si vous la voyez, vaut mieux déguerpir dans les champs et ne plus vous approcher des maisons.

Voir qui ? Quoi ?

Il n'y avait que les gendarmes qui possédaient ce pouvoir de me faire déguerpir, mais Camélien ne parlait pas d'eux. Ses bajoues tremblotaient d'énervement. Je me mis à penser que ses propos incohérents étaient sans doute liés à un abus de rhum. J'avais l'habitude. Autant me taire, ne poser aucune question et m'en aller aussitôt qu'Anélie se déciderait enfin à rapporter ces fameux bonbons.

– Moi, je l'ai vue, reprit Camélien, et c'est pas des menteries ce qu'on raconte au café de la Chaloupe. Même qu'ils ont causé à Jean-Pierre et ça c'est la preuve parce que ses paroles à Jean-Pierre, c'est du béton. Comme tu traînes du matin au soir partout, à ce que dit Ombeline, je ne voudrais pas que mon Anélie qui ne te quittera pas d'une semelle soit attirée là où j'aimerais pas trop, surtout que ma bourgeoise elle se laisserait bien embobiner par un miroir aux alouettes.

Un incompréhensible flot de mots qui s'écoula durant près d'une minute car Camélien parlait avec lenteur, comme s'il se demandait lui-même quel sens avaient ses propos. Je surveillais avec impatience l'entrée de la case, prêt à me passer de sucreries si Anélie voulait enfin en sortir. Par précaution, je bafouillai un « Oui, oui m'sieur, c'est sûr », mais Camélien Rivière poursuivit son monologue dès qu'il eut récupéré l'air indispensable à un nouveau grand discours.

– La nuit surtout il faut faire attention parce que quand elle vient c'est le meilleur moment pour eux. Ils ont débarqué chez Daniel Hoareau quand le soleil se couchait et ils lui ont demandé où étaient ses gosses et évidemment qu'il ne le savait pas au juste, quelque part dans les collines à ne rien faire de mal, il allait quand même pas les attacher comme des chiens…

Camélien respira avant de replonger :

– Ils sont deux. Une homme, une femme, des fois deux femmes mais jamais deux hommes. Ils ont dit à Daniel, comme s'ils l'accusaient de les avoir mangés ou je ne sais quoi, « Que deviennent les enfants quand la nuit tombe ? » et il paraît que la femme surtout était coriace à glapir dix fois de suite : « Hein, que deviennent vos enfants quand la nuit tombe ? »

Camélien Rivière me chopa à nouveau le bras alors que je m'éloignais en douce, à pas lents, commençant à descendre la pente devant moi, tant pis pour les bonbons et pour Anélie. Il me secoua comme un prunier.

– Vous les reconnaîtrez facilement, ils se déplacent en deux-chevaux, une camionnette verte peinte de grosses lettres blanches et moi je vais partir en prison un an à Boucan-Corail pour une connerie que j'aurais pas dû faire mais les conneries on devrait jamais les faire, mais bon quoi, ce qui est fait est fait, j'y peux plus rien et petit suis pas mon exemple, ça mène au malheur et je ne voudrais pas que pendant cette année où je ne serai plus là pour...

– Ylisse !

Anélie me tirait enfin d'embarras en m'abritant de la marée qui refluait des lèvres indignées de Camélien. Elle courut jusqu'à nous, dit :

– On s'en va, papa, mais je reviens bientôt, Ylisse adore nos bonbons.

Le rire éclaboussa à nouveau le visage de Camélien Rivière. C'était comme si notre tête-à-tête n'avait pas eu lieu, qu'il en revenait à l'instant où il se reposait sur un fauteuil, devant la case.

– Tu changeras jamais, ma p'tiote, hein ? C'est bien comme ça, c'est comme ça que je tiens à toi.

Nous étions déjà en bas du talus bordant la cour quand sa curieuse recommandation nous parvint :

– Hé, gamin, tu n'oublies pas la deux-chevaux verte, hein !

3

2012

Deux gendarmes, au Val Brûlé, durant une semaine, dont le brigadier Marc Esposito qui ne cachait pas son envie d'être ailleurs. Il s'adressait à moi en m'appelant « mademoiselle Bertille ».

– Un crâne humain sous le sol d'une vieille grange, bon, mademoiselle Bertille je comprends que ça vous impressionne parce que vous n'avez pas l'habitude, mais ce crâne date de Mathusalem. À quoi sert de perdre un temps précieux alors que le travail attend à la gendarmerie ? De toute façon, il y a prescription.

Il m'expliqua gentiment ce que signifiait ce mot de « prescription » : plus personne ne pourrait être poursuivi pour ce crime.

Si Mélinda et moi étions au début assommées par ma découverte, ce n'était pas le cas de mon père. Il avait creusé autour du crâne, sans attendre que les gendarmes le fassent. Une cavité profonde, rectangulaire. Une tombe. Pas le moindre ossement. Ma mère avait dit :

– Nous ne pouvons pas continuer à habiter une maison dans laquelle il y a eu un crime.

Et j'avais confirmé.

– Je ne pourrai pas dormir dans ma chambre, là, de l'autre côté de la cour. J'imaginerai toujours qu'un rôdeur... Le Val Brûlé est un trou, désert ou presque, entouré de forêts, de prés, de... Ce n'est pas rassurant du tout.

Durant deux jours, Arthur s'était employé à nous calmer.

– Ce qui s'est passé ici remonte à perpète...

– À Mathusalem, oui papa, le brigadier nous le serine sans arrêt.

– Donc, je ne vois pas de quoi vous avez peur.

Des soupirs appuyés, du genre « Oh les femmes ». Il les avait vite remplacés par des sourires entendus.

– Moi, les filles, je vois un signe du destin dans cette découverte macabre.

– Quel signe ? avait demandé Mélinda, très inquiète que l'exhumation d'un crâne humain sous notre maison puisse déclencher autant d'enthousiasme chez Arthur.

– Je me destine à une carrière de détective privé, non ? Un crime perpétré à l'endroit où Bertille et moi ouvrirons les bureaux de Squalo & Cie me semble de bon augure. On ne peut pas rêver mieux pour débuter une carrière de DP.

Puis, faisant preuve d'une phénoménale mauvaise foi, alors que c'était lui qui nous avait entraînées dans ces travaux, il avait ajouté :

– Je ne resterai pas maçon pendant des années, dans ce trou désert, ainsi que Bertille nomme si généreusement le Val Brûlé. On tombe pile poil sur une occasion en or de montrer de quoi nous sommes capables. C'est génial, non ?

Tenir ce crâne entre mes mains m'avait tellement effrayée que j'en oubliais la pierre verte. Elle était dans la poche de mon bermuda de travail, lequel était jeté dans la corbeille à linge de ma chambre. Comme il était hors de question de reprendre aussitôt les travaux, je ne portais plus le bermuda.

– Entrée de la grange interdite, cet endroit est une scène de crime, avait déclaré sans rire le second gendarme.

Un garçon blond, d'une vingtaine d'années, maigre à faire peur et si grand que ses fesses semblaient posées en haut d'échasses. Il n'était pas du tout mon genre, même si je constatais que j'étais le sien : son regard insistant caressait sans se gêner les cuisses bronzées que mon short montrait trop, selon l'avis de Mélinda. Il se nommait Régis Faucon – si ! – et pour nous interdire l'entrée de notre grange, il déroulait un ridicule ruban de plastique jaune. J'avais ricané :

– Pas difficile de l'arracher ou de passer dessous.

– Oui, si tu veux, Bertille, mais ce sera à tes risques et périls car pénétrer sur une scène de crime est un délit.

Marc Esposito avait considéré son adjoint d'un œil soupçonneux, avant de hausser les épaules et de dire :
— Le gosse applique le règlement, mademoiselle Bertille, et on n'y peut rien s'il est idiot... le règlement, bien sûr, pas Régis. De toute façon, il n'y a plus rien à voir à l'intérieur.
— D'autres cadavres, peut-être ? avait suggéré papa.
Nouveau haussement d'épaules d'Esposito.
— Ah ouais ? Où ?
Une mini tractopelle avait retourné le sol de la grange, nous prouvant d'ailleurs du même coup qu'en une heure et sans peine, elle accomplissait ce qu'à nous trois nous aurions mis des jours à réaliser.
— Si un autre cadavre est ici, il se planque bien, avait ironisé le brigadier.
— On se passera d'autres découvertes macabres, avait conclu Mélinda, avant d'ajouter, pour se rassurer : Après tout, ce n'est qu'un crâne. Puisque vous ne déterrez pas d'autres ossements, rien ne prouve qu'un corps entier a été enseveli là... heu... et pourquoi ne pas envisager qu'un ancien cimetière existait là, que les sépultures ont été transférées ailleurs et que le crâne... heu... est un oubli... heu...
Papa avait réagi à la manière d'un DP qui veut montrer qu'il en sait plus que tout le monde.
— Mélinda, heu... heu... je ne voudrais pas te faire de la peine, mais d'après mes informations, cette grange a été bâtie au XIXe siècle. Pendant que tu y es, décide qu'il y avait ici des sépultures gauloises !

Quoi qu'il en soit, ce samedi de fin d'avril, les gendarmes de Sponge étaient au Val Brûlé. Chez nous. Les maisons du hameau étaient éloignées les unes des autres et les voisins ne s'intéressaient pas beaucoup à la découverte d'un crâne sous le dallage de notre grange. Ils commençaient pourtant à se poser des questions en repérant les nombreuses allées et venues de la Peugeot bleue de la gendarmerie. La veille, alors que je longeais sa propriété en VTT, notre plus proche voisin m'avait arrêtée. Jacques Lemercier, récent retraité de l'armée, la cinquantaine au crâne rasé et aux yeux d'un bleu saisissant.

– Dis, Bertille, ton père n'aurait pas d'ennuis ? Hier, j'ai encore vu les gendarmes qui tournaient autour de votre ferme.

– Pardon ? Des ennuis ?

Lui aussi lorgnait mes cuisses alors que je me tenais en équilibre sur ma bécane. Des ennuis ? Je ne comprenais pas cette attitude soupçonneuse. Nous n'habitions le Val Brûlé que depuis deux ans et nous déterrions un crâne *datant de Mathusalem* sous des dalles posées depuis des dizaines d'années.

– Ben, on ne sait jamais avec les keufs, des fois ils font semblant de suivre une piste mais ils en flairent une autre.

Lemercier disait « les keufs » pour faire jeune, parce qu'il s'adressait à une fille de seize ans. Ce langage ridicule me dévoila le sens de son interrogatoire. Papa ne travaillait pas : louche. Papa avait les cheveux longs : louche.

Papa achetait une ferme, la retapait, donc avait beaucoup d'argent : louche. Donc papa pouvait être un voyou réfugié dans la campagne afin de préparer ses mauvais coups : CQFD. Bientôt, la rumeur l'accuserait de cultiver du haschich derrière la ferme ! Je m'en étais tirée par une grossière plaisanterie.

– Pas impossible en effet que vous ayez raison. Quand les keufs (mon clin d'œil accompagna le mot que je prononçai plus fort) fouilleront le terrain autour de chez nous, je ne vous dis pas ce qu'ils découvriront.

Lemercier avait rougi et tourné les talons.

Marc Esposito venait justement nous exposer, ce samedi, ce que la gendarmerie avait découvert ou plutôt ce qu'elle ne découvrirait jamais. Nous nous tenions tous les cinq dans la grange, devant *la tombe*, béante. Le brigadier semblait satisfait. Un sourire flottait sur ses lèvres entre chacune de ses informations. En revanche, son adjoint paraissait mécontent. Il écoutait les propos de son supérieur en conservant un visage fermé, presque hostile. Il ponctuait aussi chacune des informations d'Esposito d'un claquement de langue qui, traduit, disait : « Comment peut-on énoncer autant de conneries ? »

– Voilà où nous en sommes, annonça Marc Esposito et, bon, je suis le premier à admettre que ce n'est pas le Pérou, mais un gendarme n'est pas le père Noël, surtout en avril.

Un rire un peu embarrassé. La nullité de la plaisanterie amena une grimace ironique sur le visage de Régis Faucon, suivie de trois claquements de langue.

– Tu as mal aux dents, Régis ? fit ironiquement le brigadier, avant de poursuivre son laïus.

– Maintenant, on sait pourquoi là en dessous nous n'avons pas récupéré d'autres ossements, ceux d'un corps, et seulement un crâne...

Le brigadier laissa filer le suspense. Mélinda soupira. Son samedi était précieux. Les cahiers à corriger. Ses fiches à préparer. Un roman à terminer. La maison. Le jardin. Arthur mit son grain de sel.

– Il a été apporté là. Le crime s'est produit ailleurs et seule la tête...

La suite, trop macabre, lui fit terminer son hypothèse par une pirouette.

– Bon, tout ça est assez classique.

Marc Esposito jubilait. Son vaste sourire déclarait à mon père qu'un détective privé ne faisait pas le poids face à l'institution gendarmerie. Le premier jour, montrant la bétonnière, les sacs de ciment, il avait commenté, usant d'une grande finesse : « Ah bon, vous êtes DP ? Je n'imaginais pas ce travail ainsi. »

– Pas du tout, monsieur Squalo ! Vous êtes complètement à côté de la plaque, sans vouloir froisser le détective privé que vous êtes...

Une courte pause, de quoi instiller le doute quant aux talents de mon père. Je commençais à trouver lourdingue l'humour d'Esposito.

– ... les analyses nous apprennent que le crâne est celui d'un adolescent, ou plus sûrement d'une adolescente, une fille âgée de quatorze ou quinze ans, avec une marge d'erreur d'un an, soit en plus, soit en moins.
– L'ADN ?
Je proposais ça pour faire la maligne. Erreur. Le brigadier corrigea :
– Mademoiselle Bertille, l'ADN ne joue aucun rôle dans cette enquête et ne peut en jouer aucun. Un conseil : regardez moins la télévision. Donc, je reprends...
Il toussota, observa Mélinda qui remuait la terre de l'extrémité d'une de ses chaussures.
– L'absence d'ossements autres que le crâne s'explique par le temps écoulé. Le corps enterré sous les dalles l'a été il y a quarante ou cinquante ans, on ne peut pas être plus précis. Les os du crâne ont résisté. Ils sont plus solides, mieux formés que les os d'un squelette de gamine.
– Faites-nous grâce des détails sordides ! s'emporta Mélinda.
Je n'étais pas d'accord avec ma mère. Une fille de presque mon âge ! C'était à la fois révoltant et excitant et je tenais à en savoir le plus possible, même si nous devions entendre des choses révoltantes.
– Le... le squelette s'est... il s'est dissous dans la terre et seul le crâne a résisté au temps ?
– Exact, mademoiselle Bertille. Vous avez de véritables talents de détective privé.

Toujours cet humour agaçant qui n'amusait plus que lui-même. Régis Faucon, adossé au mur du fond de la grange, intervint sans cacher son exaspération :

– Bon, chef, si vous en terminiez ? L'essentiel à retenir de tout ce binz est que nous n'avons fait et ne ferons aucune enquête digne de ce nom. La gendarmerie de Sponge se fout et contrefout d'une adolescente assassinée au Val Brûlé il y a un demi-siècle et ce n'est pas glorieux.

Esposito effleura le pistolet accroché à sa hanche. Son regard furax annonçait clairement que son adjoint lui tapait sur le système et que, durant une seconde d'égarement, il l'avait considéré comme un ennemi à vaincre en lui braquant son arme sous le nez.

– Du calme, Faucon. Un rire caverneux. Puis : Ah, les jeunes d'aujourd'hui... Faut qu'on... Y a qu'à...

Arthur intervint avant qu'Esposito ne glousse de satisfaction afin d'appuyer son jeu de mots débile.

– En gros, brigadier, vous venez nous annoncer que le corps enterré chez moi, ici...

Son pied droit martela le sol.

– Oui, ici, sous nos pas ! Cet assassinat survenu il y a quarante ou cinquante ans ne donnera lieu à aucune enquête ! Cette fille demeurera inconnue ! Qui l'a tuée et pourquoi resteront des mystères ! Bravo ! Si payer des impôts...

Esposito mit une main sur l'épaule de mon père.

– Oh, hé, épargnez-moi le couplet du contribuable raisonnable, intègre, respectueux des lois, révolté contre notre société, etc. Je connais la chanson par cœur. Vous n'allez pas vous y mettre, vous aussi, côté indignation : j'ai assez de celle de mon adjoint qui me prend pour une bille. Il ôta sa main, ajouta : Exact, nous ne ferons rien et j'en suis très satisfait. Il y a prescription depuis longtemps, pour ce crime, et donc travailler là-dessus serait une perte de temps puisque même si par miracle nous trouvions le nom du ou des coupables, ils ne risqueraient plus rien. D'ailleurs, les coupables en question sont peut-être morts aussi, parce que près d'un demi-siècle, c'est un bail.

– Mais connaître la vérité...

Esposito interrompit ma protestation en levant la main gauche et en l'agitant d'une façon saccadée.

– Quelle vérité, mademoiselle Bertille ? Votre vérité nous conduirait dans un cul-de-sac vieux de cinquante ans et croyez-moi, la gendarmerie de Sponge n'a ni le temps ni les moyens de s'occuper correctement des crapuleries de certains de nos concitoyens d'aujourd'hui. Nous préoccuper du sort des vivants me paraît plus urgent que de déterrer les morts d'il y a un demi-siècle. Une enquête n'est pas un jeu, mademoiselle Bertille.

Mélinda applaudit. Arthur fronça les sourcils.

– Le brigadier a raison, dit ma mère. Tournons cette page macabre : elle ne nous concerne pas, seul un malheureux hasard nous a amenés ici. Arthur, je te rappelle que nous ouvrons des chambres d'hôtes. Tu es d'accord avec moi, Bertille ?

Je poussai un peu de terre dans *la tombe*, du bout des pieds. Sans répondre à la question. Esposito se tourna vers son adjoint.

– Faucon, des contrôles de vitesse nous attendent sur l'autoroute. Je te signale que nous sommes en dessous des quotas de PV prévus et que des abrutis du volant s'en donnent à cœur joie pendant que nous essayons d'être les Maigret de Sponge.

Les gendarmes sortirent de la grange. Ma mère et mon père les suivirent. Pas moi. Je regardais *la tombe*, comme hypnotisée. Et la pierre verte revint dans mes pensées. Le pendentif. Je n'en avais pas parlé. J'essayais d'imaginer cette fille de quatorze ans en train de rire, le pendentif autour de son cou et, derrière elle, la silhouette menaçante de son assassin. J'aurais pu être cette fille.

En dépit de la distance, j'entendis l'avertissement qu'Esposito adressa à mon père, avant de claquer la portière de la Peugeot de la gendarmerie.

– Un conseil, monsieur Squalo, ne jouez pas au con avec ce cadavre d'adolescente. Je me doute qu'il tentera un détective privé soucieux de se transformer en héros de roman, mais croyez-moi, ça ne vous apportera que des ennuis et vous en paierez les conséquences. Contentez-vous de retaper ces bâtiments : ils en valent la peine.

Il fallut moins d'un jour pour que mon père oublie le conseil du brigadier. Et oublie du même coup notre vocation d'hôteliers au service du développement touristique du Val Brûlé.

– Réunion de crise dans la cuisine, annonça Arthur, alors que ma mère, profitant d'un extraordinaire soleil printanier, lisait un bouquin, étendue sur une antique chaise longue de toile achetée à Emmaüs. Papa s'empara du livre et lut le titre à voix haute :

– *Le Désert des Tartares* ?

Mon père ne lisait que le journal *L'Équipe* et je le soupçonnais même de ne s'intéresser qu'aux gros titres et aux photos. Il remit le marque-page à sa place et se permit le ricanement du non-lecteur impressionné et jaloux.

– Le désert est ici, autour de nous, et quant aux Tartares, je ne connais et n'aime que les steaks du même nom.

– Très drôle, commenta Mélinda, et digne des plaisanteries d'Esposito. Il est vrai qu'un DP n'est en somme qu'un gendarme raté.

– Très drôle également, Mélinda, mais dans moins d'un mois quand j'aurai résolu l'énigme du crâne sous les dalles de la grange, ton orgueil d'institutrice baissera pavillon.

– Papa, quand nous aurons résolu l'énigme.

Il me fixa, parut réfléchir, puis sourit et corrigea :

– Bien sûr, Bertille, ça va de soi. Nous formerons une belle équipe, nous deux, pendant que ta maman s'échinera à apprendre à une bande de zozos que trois et deux font cinq.

Il était aussi excité que moi. Ce n'était pas le cas de Mélinda, craintive et réticente devant ce plongeon dans l'inconnu. Elle redoutait l'échec de papa. Il en avait déjà vécu plusieurs et il signifierait l'abandon de son ambition de devenir détective privé dans l'avenir.

La cuisine sentait la confiture, le pain grillé et aussi un peu la peinture fraîche alors que les travaux étaient terminés depuis longtemps. Nous étions installés autour de la table de ferme en chêne massif – fabrication d'Arthur – sur des bancs inconfortables – fabrication d'Arthur sous prétexte que, habitant la campagne, nous devions posséder des meubles d'autrefois. Mélinda serrait *Le Désert des Tartares* entre ses mains croisées sur sa poitrine. Son trésor littéraire du jour. Elle était persuadée que « la réunion de crise » déboucherait vite sur le néant et qu'elle reprendrait rapidement son roman. Elle m'avait glissé dans l'oreille :

– Pourquoi se montrerait-on plus malins que la police ? Il n'y a que dans les romans que Bertille et Arthur, devenus Squalo & Cie, se révèlent, dans le dernier chapitre, plus malins que les flics et découvrent la vérité.

– Maman ! Ta réflexion est déprimante !

– Bon, d'accord ma chérie. Tentez votre chance, ton père et toi, et je suis même prête à vous aider, mais ne rêvez pas trop, sinon...

– Sinon, on redevient gérants de chambres d'hôtes et voilà tout, avais-je répondu, d'une voix acide, afin de rompre le cercle infernal du doute dans lequel s'enfermait Mélinda.

Arthur se versa une tasse de café froid avant de commencer la première réunion du cabinet de détectives privés Squalo & Cie. Il la but d'un trait et dit :

– Résumons la situation. Nous achetons, il y a deux ans, pour une bouchée de pain, une ferme en triste état dans laquelle un crime horrible a eu lieu.

– Rien ne prouve qu'il s'agisse d'un crime, intervint maman.

Mon père soupira d'accablement. Il empoigna sa queue-de-cheval, la malmena sous sa nuque, comme si elle l'embarrassait, puis accepta de répondre :

– Enfin, Mélinda, comment ce crâne serait-il arrivé chez nous ? Par l'opération du Saint-Esprit ?

– D'accord, d'accord ! s'empressa ma mère.

– Un crime vieux de plus de quarante ans, continua Arthur, et qui a mis un terme à la vie d'une fille, une gamine… une… une adolescente. Qu'un salopard ait pu…

Ses lèvres palpitaient. L'émotion et la colère. Qu'un enfant soit la victime le révoltait tellement que ça lui paressait inconcevable. Il m'observa, la tête légèrement inclinée, comme s'il souffrait d'un torticolis. Il tripotait sa tasse vide, attendant ma réaction. Je me tus. J'étais aussi révoltée que lui. Que ce crime se soit produit un demi-siècle auparavant n'enlevait rien à mon dégoût. L'envie de savoir ce qui s'était passé dans cette ferme isolée était si puissante que je me sentais capable de tenter l'impossible si l'impossible nous apprenait la vérité, une vérité qui me soulagerait. Je fis pourtant une remarque négative.

– Rien ne prouve que le crime a eu lieu ici. La fille a pu être assassinée ailleurs et le corps a été déplacé... Ben oui, quoi, on lit ça dans les faits divers.

– Okay, Bertille, oui c'est possible, coupa Arthur. Cependant, comme il faut bien commencer par une hypothèse, la mienne sera que cette fille inconnue a vécu ici, est morte ici. Donc, tout bon policier commence...

Il s'interrompit, nous fixa tour à tour, Mélinda et moi, s'attendant à des ricanements. Ma mère émit un sourire encourageant et reprit :

– Donc, mon chéri, tout bon policier fait quoi, à part vomir ses tripes quand il découvre une victime... heu... en meilleur état que celle-ci ?

Arthur hocha la tête à plusieurs reprises. Il avait suivi des cours par correspondance, pour devenir DP, sans compter un bref séjour à l'IFAR, l'Institut de formation des agents de recherches de Montpellier, et ce bagage lui donnait la marche à suivre.

– Une enquête commence toujours par ce qu'on appelle une enquête de voisinage. Interroger les gens encore et encore, jusqu'à essorer de leur mémoire la moindre parcelle d'information.

– Papa ! Le crime remonte à quarante ou cinquante ans ! Comment veux-tu que quiconque se souvienne de quoi que ce soit ?

Arthur haussa une nouvelle fois les épaules. Ça devenait un tic. Le violet de ses yeux s'intensifia lorsqu'il me considéra d'un regard accusateur. Il marmonna :

– Femme de peu de foi...

– Mon chéri, laisse la Bible de côté, coupa Mélinda, et expose-nous plutôt ton plan concernant cette enquête de proximité... heu... je crois que c'est le nom donné à cette façon de procéder.

Les joues de papa se teintèrent d'un peu de rose. Ses mains se hâtèrent vers la cafetière, mais elle était vide, ce qu'il souligna d'un « génial ! » vindicatif.

– Nous sommes donc d'accord. Bertille, tu te charges du Val Brûlé.

– Oh non ! Il n'y a que cinq maisons !

– Justement. En scooter, ce sera un jeu d'enfant.

Mon sourire fut celui d'un poisson pris dans un filet. Sillonner le hameau ne m'intéressait pas beaucoup alors que parcourir les rues de Sponge m'attirait. Je m'imaginais sur mon scooter, Édouard ou un autre garçon assis à l'arrière, des mains enlaçant mon ventre, recommandation faite à tout passager de deux-roues qui tient à sa peau dans les virages. Sponge comptait plus de quatre mille habitants, autant dire un monde à explorer, si bien que mon enquête de proximité me tiendrait plusieurs jours éloignée de la maison. Une pause magnifique entre les brouettes de terre et de ciment.

Le Val Brûlé : cinq maisons. Un jeu d'enfant, oui, mais si papa avait choisi cette expression c'était parce qu'il considérait encore son associée comme une gamine. Le constat me dopa. Il verrait ! Je lui montrerais de quoi j'étais capable !

– Quant à moi, je vois au volant de la Clio ce que je peux tirer des habitants de Sponge, poursuivit Arthur. Pas grand-chose sans doute, mais autant respecter le cheminement normal d'une enquête. La chance peut nous sourire.

– Quel sera mon rôle ? demanda Mélinda.

Elle pointa l'index de sa main droite vers moi, celui de sa main gauche vers Arthur et poursuivit :

– Ne cherchez pas, je connais la réponse par cœur ! Je me tape les repas, c'est à ça que vous pensez, n'est-ce pas ? Comme d'habitude, le duo père-fille se balade, pendant que je surveille les casseroles sur le gaz afin que vos génies puissent s'alimenter correctement ?

Papa s'efforça d'oublier le ton vinaigré et se composa une grimace ironique.

– Ma chérie, tu oublies que tu es institutrice quatre jours par semaine ?

Ma mère ne tenait pas vraiment à se mêler à cette histoire de fille assassinée, mais elle tenait encore moins à ce qu'Arthur l'efface de son scénario. Elle maugréa :

– Mon travail a bon dos. C'est ce qu'on verra.

– On fonctionne comme ça, Bertille ? vérifia mon père, en me regardant.

Je répondis « Okay, boss », sans sourire, puis annonçai :

– Je me change et commence illico à fouiner chez nos voisins.

J'étais pressée de quitter la cuisine où régnait une chaleur d'autant plus étouffante que la pression entre papa et maman grimpait d'une façon inquiétante. Mélinda ne tarderait plus à repartir dans *Le Désert des Tartares*, sans s'occuper de sa pile de cahiers à corriger et encore moins du déjeuner. Sa vengeance serait un plat qui ne se mangerait même pas froid puisqu'elle refuserait de se rendre dans la cuisine. Arthur, au lieu d'aller à Sponge, devrait se charger seul des repas et du ménage pendant une semaine entière.

Je m'extirpai du banc inconfortable en me tortillant derrière la table de ferme. Pour gagner du temps, je commençai à dégrafer le haut de la chemise de mon père que je portais ce jour-là, une chemise à carreaux que j'adorais et que je nouais à la taille parce qu'elle était trop grande. Elle laissait voir mon ventre bronzé et mon joli nombril. Moi, en tout cas, je le trouvais mignon, mais Mélinda, institutrice même le samedi, n'appréciait pas ma tenue, surtout quand notre jeune facteur déboulait chez nous au volant de sa voiture jaune.

– C'est quoi ce truc ? fit mon père, en tendant l'index vers moi. C'est joli. Où as-tu acheté ce pendentif ?

La pierre verte, pendue à un lacet d'une basket que j'avais enfilé dans l'orifice, se balançait autour de mon cou. Je portais le pendentif depuis le matin parce que j'avais décidé, à mon réveil, qu'ainsi la fille morte ne disparaîtrait pas totalement de la mémoire des vivants.

4

1966

Je vis le premier la deux-chevaux verte. Les jours se ressemblaient à Bourg-Calat. La seule chose qui changeait vraiment était que je descendais souvent la colline afin de retrouver Anélie. Je courais jusqu'à la maison de ses parents, emporté par l'impatience, mais je n'entrais pas. J'attendais, dissimulé derrière un arbre ou derrière un des trois gros fûts de métal qui encombraient la cour. C'était toujours très tôt le matin. Parfois, le soleil venait juste de se lever, mais je n'en pouvais plus d'entendre mon père ronfler. Ou crier. Il criait en dormant. Des injures. Des mots incompréhensibles. Si la mère d'Anélie tardait à ouvrir un volet de la case, j'envoyais des pierres contre le mur. Plusieurs fois, Ombeline Rivière entendit les frappes des cailloux avant sa fille. Elle sortait. Hurlait :

– Voyou ! Rentre chez toi ! Tu veux que j'appelle les gendarmes ?

Il m'arrivait de m'en vouloir de subir ainsi l'attraction d'Anélie et je tentais de résister. Après tout, j'étais le garçon. Elle n'était qu'une fille ! En plus, une fille de dix ans ! J'avais l'air de quoi à la traîner à mes basques du matin au soir ? Ma réputation de *dur* en souffrait. Des enfants ricanaient quand ils nous croisaient. Des garçons se moquaient ouvertement. Du moins, jusqu'à ce que je blesse sérieusement Henri qui m'avait traité successivement de « gonzesse », puis de « tapette » et enfin de « couilles molles ». Mon poing, armé de mon lance-pierre, lui avait ouvert l'arcade sourcilière et fendu la tempe. Des plaies profondes. Les gendarmes à la maison. Tante Sélisse en pleurs. Mon père qui reniflait, se lamentait « J'arrive pas à en faire façon », mais quand un des gendarmes avait proposé de me conduire à Grande-Pierre, pour « une nuit en cellule, une leçon qui lui ferait du bien », papa avait rugi :

– Touchez pas à mon gosse ou je fous le feu à la gendarmerie.

Ma résistance à la force d'attraction qu'Anélie exerçait sur moi, consistait à ne pas descendre la chercher chez elle. Si elle montait chez moi, je me sauvais et allais me cacher dans une bananeraie. Le soir, je me reprochais ma stupidité. Je m'étais ennuyé sans elle et pourtant, avant de la connaître, les jours me semblaient toujours trop courts. Mes regrets m'amenaient, à la tombée de la nuit, à me rendre près de l'étang aux crapauds, espérant apercevoir Anélie rôdant dans les parages, ce qui arrivait rarement.

La famille Rivière se couchait tôt. Le lendemain, je courais à en perdre haleine jusqu'à la case d'Anélie. Elle me faisait payer mon attitude. Elle se contentait de lancer un « bonjour » lointain et dédaigneux, refusait que je l'embrasse et demandait d'un air hautain :

– Tu ne m'aimes plus ? Je m'en fous complètement. Des tas de garçons attendent de prendre ta place et de devenir mes copains.

Ce n'était pas faux. Anélie fascinait aussi les autres garçons, mais elle ne les approchait pas. Elle commentait leur empressement d'un jugement expéditif :

– Les garçons sont tous des merdeux, sauf toi Ylisse.

Ma première rencontre avec la camionnette verte eut lieu alors que je rentrais à la maison. Je devais préparer le repas ou m'assurer que tante Sélisse avait laissé quelque chose à manger, la veille, car elle ne montait pas chez nous le jeudi, jour de marché à Belle-Morne, situé à trente kilomètres de Bourg-Calat. Tante Sélisse y vendait des légumes et parfois des œufs quand ses cinq poules pondaient. Repas ou non, j'étais le plus heureux des gosses de Bourg-Calat, ce jeudi-là, Camélien Rivière venant de me donner le lance-pierre promis. Il se composait de deux épaisses lanières de caoutchouc tendues entre les doigts d'une fourche métallique. La puissance phénoménale de l'engin me rendait fou de joie. J'aurais pu tuer un mouton avec ce lance-pierre... Mais comme il n'y en avait pas à Bourg-Calat, je m'étais contenté de tuer deux canards accroupis dans des flaques d'eau, près d'une case. Le lance-pierre serait le seul cadeau que me ferait Camélien. Je ne reverrais jamais le père d'Anélie. Le samedi suivant, il s'en allait en prison, mais je ne l'appris que bien plus tard. Anélie ne m'en dit jamais un mot. Elle parlait de son père comme s'il habitait toujours la maison.

– Papa aiguise sa machette pour être prêt quand la saison des cannes commencera. C'est le meilleur coupeur de l'équipe. Il trancherait la tête d'un condamné à mort mieux que la guillotine.

J'approchais de chez moi quand j'entendis le ronflement saccadé du moteur de la camionnette. Elle peinait en grimpant le chemin cabossé et tout en virages, qui se faufilait entre les murs d'une épaisse végétation. À cette époque, les voitures étaient peu nombreuses sur les Hauts, mais au début, je ne pensais pas à l'avertissement donné par le père d'Anélie. D'ailleurs, pour quelle raison aurais-je dû craindre de croiser un véhicule près de Bourg-Calat ? C'était plutôt une perspective intéressante. Avec un peu de chance, il s'agirait d'une auto transportant des Blancs de la côte, venus en touristes admirer les paysages des Hauts. J'avais l'espoir de leur soutirer deux ou trois pièces d'un franc ou un paquet de cigarettes, pour mon père. En général – mais les occasions étaient rares – les touristes se montraient généreux. Peut-être craignaient-ils le gamin costaud qui barrait la route, les considérait de ses yeux bruns déterminés, tout en faisant semblant d'armer son lance-pierre en direction de leur auto couverte de poussière ?

La camionnette deux-chevaux verte déboucha d'un virage et stoppa près de moi. Un homme, une femme. Cette fois, je fis le lien avec l'avertissement de Camélien Rivière, même si ce n'était pas le soir, au moment où la nuit tombait. La phrase me revint en mémoire. « Hé, gamin, tu n'oublies pas la deux-chevaux verte, hein ! » L'homme conduisait. Souriait. La femme, menue, était vêtue d'une robe rouge. Elle abaissa la vitre.

– Bonjour, Ylisse.

Qu'elle connaisse mon nom ne me surprit pas. J'étais un enfant de douze ans qui ne s'intéressait guère aux adultes. Je vivais dans un monde, eux dans le leur et les points de rencontre n'étaient pas si nombreux, mais je comprenais évidemment que les adultes savaient plus de choses sur nous que l'inverse. Je ne répondis pas au bonjour de la femme et pas davantage à celui de l'homme, qui lui succéda. Il accentua son sourire, nota pour la passagère :

– Très poli, ce garçon !

Je le regardais avec effronterie. Pas des touristes. Rien à en tirer. Un Noir, une Blanche. Ils vendaient quoi ? Sur les flancs de la camionnette, quatre énormes lettres blanches étalaient le nom du *magasin*, ainsi que sa ville :

DDASS
Îlet-du-Port

– Tu n'es pas à l'école, à ce que je vois, constata la femme.

Je mentis, avec aplomb.

– J'étais malade. J'irai cet après-midi.

Les occupants du véhicule se dévisagèrent. L'homme fit un clin d'œil et dit :

– Fidèle au portrait que l'on a, Monique.

Elle répondit, en posant la main gauche sur sa cuisse :

– Ne t'excite pas, Nicolas. Rappelle toi les consignes.

Elle pencha à nouveau le buste vers la vitre ouverte.

– Ne nous mens pas, mon petit. Tu sais, on te connaît bien. Tu t'appelles Ylisse Payet, tu as douze ans et... et...

Elle tourna la tête vers Nicolas. L'homme prit le relais après avoir montré le lance-pierre pendu à la ceinture de mon short.

– Et tu as la réputation d'être un enfant difficile, ça aussi on le sait. Les gendarmes de Grande-Pierre disent que tu peux même être violent.

Les gendarmes. Cette fois, j'étais sur le qui-vive. De quoi se mêlait ce couple bizarre ? Ils n'étaient pas des épiciers, des boulangers ou n'importe quel commerçant ambulant, comme je me l'étais imaginé. Je leur dis, sans ménagement.

– Qu'est-ce que ça peut vous foutre ? Vous n'êtes pas mon père et si vous êtes des flics, je parle pas aux flics, mon père veut pas.

La femme souriait, maintenant, mais plus du tout l'homme qui tapotait son volant de sa main droite et semblait agacé.

– T'énerve pas, mon petit. Ta conduite a des excuses, nous sommes aussi au courant de ta situation. Tu n'as pas de maman. On vient de le rencontrer, ton père, figure-toi. Il s'inquiète pour toi, Ylisse. Il se fait un souci d'encre pour ton avenir. Tu ne vas pas très souvent à l'école, malgré la loi.

Bêtement, je tirai la langue à Monique, marmonnant « Si, j'y vais », puis : « Et alors, si j'y vais pas, qu'est-ce que ça peut vous foutre ? » Tout en parlant, en jouant mon rôle de caïd au lance-pierre, je réalisai soudain que la menace venait de là : ne pas aller à l'école attirait parfois de gros ennuis.

La femme rit, dit :

– Tu as une jolie langue, Ylisse, mais je te déconseille de recommencer parce que je connais Nicolas, mon petit copain. Il serait capable de descendre de voiture et de t'en coller une.

Elle débitait ses menaces tout en conservant le visage souriant d'une personne gentille annonçant une bonne nouvelle. Monique était méchante, un crotale dissimulé sous la peau d'un chaton, mais je n'apprendrais cette réalité que plus tard. Trop tard.

– On a d'autres rendez-vous, ma belle, déclara Nicolas, alors laisse tomber pour aujourd'hui.

Il fit ronfler le moteur. La camionnette verte eut un soubresaut. On aurait dit un crapaud s'apprêtant à bondir afin de traverser la route. La femme dit encore :

– Même ta tante Sélisse se fait un sang d'encre et se demande ce que tu vas devenir si tu continues comme ça.

Mes épaules se contractèrent sous l'effet de la peur. Ces inconnus avaient rencontré ma tante ? Chez nous ? Chez elle ? Elle ne m'avait rien dit ? Pourquoi ? Qui étaient véritablement ces personnes ? La deux-chevaux s'ébranla. Doucement. La femme cria :

– Au revoir, Ylisse ! On se reverra !

La voiture atteignait le prochain virage. J'avais juste le temps de puiser un caillou dans une de mes poches et de viser le crapaud vert. J'entendis le claquement de l'impact sur la tôle, hurlai « Je vous emmerde » et pris mes jambes à mon cou.

Mon père m'attendait devant la case. Il semblait à peu près en forme, ce matin-là.

– Tu viens d'où, Ylisse ? T'as encore traîné dans les champs avec Anélie ? C'est moi qui ai fait le repas, mais je saurais pas trop dire à quoi il ressemblera.

Il émit une sorte de glougloutement qui devait être un rire. Il me parut embarrassé, traînant la table à un autre endroit, puis les chaises, les déplaçant encore comme s'il cherchait l'emplacement idéal, grognant : « Ça va pas là, bon Dieu faudra s'occuper de ce sol mal foutu. » J'avais l'impression qu'il ne souhaitait pas me parler. Tout en me lavant les mains dans une cuvette remplie grâce à l'eau du tonneau placé sous un chéneau, je posai ma question, en toute innocence. Une façon de meubler le silence qui commençait à s'installer.

– T'as vu personne, papa ?

– Qui tu veux que je voie ici ? Faut n'avoir rien à faire de sa journée pour venir chez nous, dans les Hauts.

Sa réflexion le fit encore rire. Je me retournai, mais mon père, à genoux, calait la table à l'aide de morceaux de carton. Pourquoi mentait-il ? L'interrogation revenait : Qui était ce couple ? Des personnes qui trafiquaient avec lui ? Ce ne serait pas la première fois. Et les combines tournaient toujours mal pour Hervé Payet : mon père ne ramassait pas un sou et ne récoltait que des ennuis.

– Je les ai vus, papa, les deux, là, en bagnole, l'homme et la femme. Ils m'ont parlé et ils ont dit qu'ils sortaient de chez nous. Qu'est-ce qu'ils venaient faire ici ?

Mon père se releva en poussant un grognement de douleur. Il n'avait alors que trente-deux ans, mais son corps commençait à payer l'addition de l'alcoolisme. Il s'approcha de moi, dit :

– Ah bon, tu les as croisés ? Ils t'ont dit quoi ?

– Rien.

– Tant mieux ! De toute façon, ils ne disent que des conneries. Ta tante Sélisse les connaît aussi et elle ne peut pas les voir.

– Qu'est-ce qu'ils voulaient ?

– Pas grand-chose. Faut bien qu'ils gagnent leur paie, d'une façon ou d'une autre, parce qu'ils ont la chance d'en avoir une, eux, et grasse tu peux en être sûr, mais c'est pas une raison pour venir emmerder le pauvre monde.

– Parce qu'ils t'ont ennuyé ?

Mon père secoua vigoureusement la tête dans tous les sens. Un « oui » ou un « non » ? Il s'écarta, se dirigea vers l'entrée de la case.

– Bon, peut-être qu'au fond ils nous veulent du bien, on verra, mais on s'en fout, Ylisse, pour le moment on va s'envoyer le repas que je t'ai préparé et tu m'en diras des nouvelles.

Rire encore, mais je connaissais trop mon père pour ne pas comprendre que ce rire était hypocrite. Il utilisait le même quand Anatole, son copain d'enfance, venait le chercher pour descendre boire du rhum à Grande-Pierre. Son regard m'évitait quand il lançait, en riant : « Ylisse, avec Anatole on va pas plus loin qu'au bout du chemin, le temps de causer affaire, mais tu le connais, des fois ça dure plus longtemps que prévu. »

– Ah, au fait, annonça mon père avec empressement, je t'ai ramené un cadeau du Piton des Créoles et j'oubliais de te le donner. Faut dire que le préparer m'a demandé du temps, c'était pas un boulot facile de nettoyer ça. Je le rapporte en même temps que les assiettes.

Il se retourna avant d'entrer dans la maison et leva l'index de sa main droite, l'agitant avec énergie. Il accompagna son gros rire de clins d'œil insistants.

– Te bile pas, Ylisse, je sais que tu as une chérie et que tu n'aimerais pas avoir un cadeau et pas elle, alors j'en ai rapporté deux du piton.

Le cadeau ne me plaisait pas du tout. C'était rien. Deux morceaux de pierre verte. Les commentaires de mon père ne leur attribuaient pas davantage de valeur.
– Des pierres rares, fils. On a mis la journée Anatole et moi pour les trouver sur la pente du volcan. T'imagines pas le paquet de cailloux qu'on a remué avant de tomber là-dessus et de pouvoir les déterrer.
Peut-être. Mais qu'elles viennent du volcan ou pas, les pierres étaient moches.

Anélie en savait plus long que moi.
– Ouais, le bol ! Ils en vendent dans un magasin à Grande-Pierre et ces trucs coûtent vachement cher. Donne !
Elle prit les deux. Trois jours plus tard, elle les rapporta, très fière de leur transformation. Les pierres, polies, brillaient. On aurait dit deux petits crayons verts. On avait percé un trou à leur extrémité. Elles n'étaient plus si moches.
– Tu as fait ça comment ?
– Pas moi, mon grand frère Jean-Louis. Il s'y connaît. Il voulait me les piquer pour les revendre à des touristes.
Elle glissa une ficelle à travers chacun des trous et dit :
– Voilà.
– Voilà quoi ?
– Tu le mets autour de ton cou, moi je le mets autour du mien, on aura le même collier et comme ça on est frère et sœur, enfin je veux dire frère de sang, comme dans les

histoires quand deux personnes se le mélangent, sauf qu'un collier fait moins mal et comme on ne l'enlèvera jamais, même si on meurt, tout le monde saura que toi et moi...

Elle cessa de discourir, accola ses deux index l'un à l'autre et conclut :

– On est frère et sœur pour la vie jusqu'à la mort.

Je répondis « d'accord ». J'aurais dit « d'accord » à n'importe quelle proposition d'Anélie. Pourtant, je me trouvais cloche à me balader avec ce truc qui pendait sur ma poitrine. Un collier de fille. Pas un seul gosse de Bourg-Calat ne s'avisa de me faire une remarque insultante. À cause du lance-pierre que je maniais de mieux en mieux ? Je ne crois pas. Je crois que les enfants des Hauts comprirent avant moi et avant les adultes que les pierres du volcan, autour de nos cous, étaient des amulettes scellant une puissante amitié dont ils étaient jaloux mais qu'ils respectaient.

Quelques jours après « le cadeau », Anélie évoqua à son tour la deux-chevaux verte. Nous nous étions disputés. Je l'avais attendue toute la matinée, rôdant autour de sa case, bombardant de mes projectiles les chiens qui fuyaient en hurlant de douleur. Ombeline Rivière, furieuse, jaillit hors de la maison et hurla :

– J'appelle les gendarmes si tu ne fous pas le camp, petit voyou ! Anélie est à l'école et tu ferais bien d'y aller toi aussi !

Je m'étais sauvé, sans trop m'éloigner, n'accordant pas grande confiance aux propos d'Ombeline Rivière. J'oubliais ma promesse à tante Sélisse : piocher un carré de terre, devant chez nous, notre « jardin » qui produisait surtout des mauvaises herbes et quelques salades. Anélie réapparut au début de l'après-midi.

– Pourquoi tu es allée à l'école ? Tu devais venir me chercher.

– Ouais, bon je me suis sauvée avant la fin, riposta Anélie, alors arrête de brailler. Tu ne proposes rien d'amusant. Des fois, je m'ennuie avec toi.

Qu'elle me fasse de pareils reproches me révoltait. Elle mentait pour me provoquer. On ne s'ennuyait jamais ensemble. Elle avait continué à me provoquer, à grimacer à chacune de mes propositions.

– Bof, j'en ai marre de faire ça.

– Bof, on n'a même pas de vélo alors comment on irait à Grande-Pierre ?

– J'en ai marre de traîner dans les collines et des fois l'école c'est mieux alors j'irai plus souvent.

Nous nous étions « fait la gueule » (expression qu'employait Anélie quand elle était de mauvaise humeur et me reprochait ma supposée... mauvaise humeur !) jusqu'à ce que je propose de se baigner dans l'étang aux crapauds. La baignade y était interdite. Une eau boueuse, des rives glissantes, une végétation qui croupissait aux endroits les moins profonds et dans laquelle on pouvait s'enliser.

Les risques de noyade étaient aussi grands que mon inconscience du danger.

— Oh, ouais, formidable ! approuva Anélie.

Ce serait la première fois que nous braverions l'interdiction de se baigner. Ma proposition excitait Anélie. Elle jubilait. Pas moi. Je regrettais déjà d'avoir imaginé un jeu aussi stupide. Je ne portais pas de caleçon sous mon short, donc... Aïe, aïe. Et Anélie, sous sa robe, que portait-elle ? J'avais beau faire le malin, l'épreuve de la nudité devant une fille ne me tentait pas plus que ça. Mais Anélie oubliait notre dispute et reconquérir son amitié me parut plus urgent que protéger ma pudeur. Elle me sauva d'ailleurs la mise, agissant avec un naturel stupéfiant. Nous avions choisi l'endroit le plus discret, la rive la plus difficile d'accès de l'étang aux crapauds. Nous pouvions espérer que personne d'autre ne viendrait là. Si c'était le cas, nous aurions le temps de nous rhabiller et de filer.

Anélie déposa sa musette d'école, ôta sa robe et, avant que j'aie pu dire « ouf », elle se jeta à l'eau. Elle récupéra son équilibre, se retourna et cria :

— Saute, Ylisse ! Elle est vachement fraîche, on est mieux que sous un ventilateur ! On ne sortira de la flotte qu'à la nuit !

J'enlevai mon T-shirt Kopa, pensant hâtivement – et honteusement – que l'éclair entrevu du corps d'Anélie me dévoilait une fille magnifique, autrement mieux fichue que ce que je me voyais obligé de lui montrer.

– Tu te dépêches, Ylisse ou c'est pour demain ? Enlève ton short, quoi ! Des zizis, j'en ai vu des tas, d'abord tous ceux de mes frères, alors je m'en fous de ton machin.

Voilà comment je me retrouvai dans l'eau de l'étang aux crapauds, près d'elle et plutôt fier de « nager » tout nu à côté d'une fille toute nue. Nous n'avions conservé que les pendentifs puisque nous avions juré de ne jamais les enlever, même si nous étions morts.

Dans l'eau jusqu'aux épaules, alors qu'Anélie escaladait mon dos pour la dixième fois afin de l'utiliser comme plongeoir, soudain elle décrocha ses mains, qui d'ailleurs griffaient mes omoplates, et retomba en arrière. Elle se campa sur ses deux jambes très écartées, face à moi, et dit :

– J'avais pas envie d'aller à l'école ce matin, mais maman m'a obligée à cause des voleurs d'enfants.

Elle s'était un peu accroupie, son menton frôlant l'eau. Ses nattes flottaient de part et d'autre de sa tête. Je me tassai à mon tour, de façon à ce que mon visage soit proche du sien.

– Les voleurs d'enfants ?

– Ils sont venus chez nous. Ils posent plein de questions. Je ne sais pas ce qu'ils demandent. Ma mère dit qu'ils sont gentils, mais c'est pas vrai.

– Qui est venu chez toi… ?

Avant même que je finisse ma phrase, j'avais compris de qui elle parlait.

– Des gens en bagnole, une camionnette verte ?

- Ouais, approuva Anélie. Une deux-chevaux moche. Tu les as vus aussi ?
- Plutôt ! Je leur ai foutu la frousse.
Anélie sourit. J'entrepris de raconter ma rencontre avec le couple et sa visite à mon père. Elle souriait de plus en plus, sans doute parce que j'en faisais trop à cause de ce désir permanent que je ressentais, à l'époque, de démontrer aux autres que je n'avais peur de rien.
- Ce sont des gens de la DDASS, compléta Anélie, quand j'eus terminé le récit de *mes exploits*.
- Je sais lire. C'est marqué en gros sur la bagnole. Mais la DDASS, c'est quoi ? On t'a expliqué ?
- Oui.
- C'est quoi ?
Anélie fit émerger le haut de son corps et s'écarta. Elle dit :
- Bon, je sors de la flotte. Viens, on s'en va, j'en ai marre de me baigner.
Elle remonta sur la berge. Je voyais ses fesses qui s'éloignaient lentement. Pourquoi elle ne me répondait pas et semblait à nouveau « faire la gueule » ?
- C'est quoi, la DDASS ?
Elle se retourna. Elle commençait à se sécher en utilisant sa robe en guise de serviette de bain.
- C'est rien, Ylisse, viens !
- C'est quoi, la DDASS ?
J'approchais du bord quand elle daigna enfin me répondre :

– La DDASS, c'est des voleurs d'enfants. Ils les prennent et ils les tuent. En tout cas, on ne les revoit jamais. À Grande-Pierre, ils ont pris un garçon que j'aimais bien, Alix Lebon, et on ne l'a plus jamais revu, c'est la preuve qu'ils l'ont tué. Faut qu'on fasse vachement gaffe, Ylisse.

5

2012

– Génial ! Génial ! s'extasia Arthur, jusqu'à la fin de la journée, en maniant le pendentif comme s'il était un pendule magique qui nous délivrerait la solution de l'énigme.

J'avais expliqué la provenance de la pierre. *La tombe.* Maman m'avait fait remarquer, avec sa sévérité d'institutrice grondant un élève :

– Tu n'aurais pas dû ramasser cet objet, Bertille. Là où il était... c'est une profanation... heu... en plus, ce n'était pas très hygiénique.

– Il ne faut pas exagérer ! s'était énervé papa. Bertille n'a pas volé le trésor d'une sépulture égyptienne !

– Il fallait le donner aux gendarmes, ma chérie, avait insisté Mélinda. On frôle la dissimulation d'indices utiles à l'enquête.

Sa réflexion avait provoqué l'hilarité d'Arthur et déclenché son premier « génial » de la journée.

– Sûrement pas ! Les Rantanplan de la gendarmerie de Sponge n'auraient pas su quoi en faire, alors que nous disposons là, grâce à ta présence d'esprit, ma grande, d'un indice génial.

– Papa ! Je n'ai pas pris cette pierre parce que je suis le génial second maillon de Squalo & Cie, détectives privés associés géniaux, mais pour que...

Hésitation. Pour que quoi ? Je n'avais agi que par réflexe. Pourtant, les informations délivrées par Esposito changeaient tout.

– Pour que cette fille enterrée sous le sol de notre grange continue à être présente dans ma mémoire. Chaque fois que je regarderai cette pierre, je penserai à elle, ainsi elle n'aura pas disparu à jamais.

– Okay, Okay, Bertille, approuva Arthur qui, à mon avis, n'avait pas écouté ce que je disais mais songeait à l'enquête. N'empêche que cette pierre devient pour nous un superbe point de départ. Ce premier indice est d'autant plus génial que nous sommes dans la nuit la plus complète.

– Et tu comptes en faire quoi, de ce caillou ? avait demandé perfidement ma mère, en haussant ses sourcils décolorés par le soleil aussi haut que possible, tout en pétrissant *le caillou* entre ses doigts fins et soignés d'institutrice consciente que son public regardait souvent ses mains.

Arthur nous avait décoché un de ses splendides sourires, un de ceux qu'il réservait aux vendeuses des magasins quand il voulait obtenir une réduction.

– Enfin, Mélinda !

L'exclamation signifiait en clair : « Bon, tu apprends à des mômes que b et a font ba, rien à voir avec mon QI. » Comme je détestais moi aussi ce sourire et ce supposé QI de macho, je repris la réflexion de maman.

– Oui, nous ferons quoi de ce *génial* caillou ?

Ma façon de prononcer « génial » aurait agi comme une douche froide sur n'importe quel père normal, mais papa n'était en rien un père normal, information que je possédais depuis pas mal d'années. Il récupéra le pendentif, entortillé autour des doigts de Mélinda.

– Mes chéries, réfléchissez un peu.

– À quoi bon perdre notre temps puisque tu réfléchis pour nous deux ? persifla Mélinda.

Mon père ne se laissa pas désarçonner. Il poursuivit son raisonnement en utilisant la voix pointilleuse qui était la sienne lorsqu'il nous expliquait comment commencer un de nos travaux de maçonnerie.

– Nous retrouvons d'abord le nom de cette roche, ce qui sera facile. Je m'en charge, soit à Sponge si je dégotte un spécialiste des pierres ou alors je vais à Dijon et là-bas, pas de problème, il y a un magasin qui vend ce genre d'articles.

– Et quand nous saurons ce nom, mon chéri ? demanda Mélinda, en polissant ensuite ses lèvres d'une langue gourmande.

– Si j'ai le nom, j'apprends d'où provient cette pierre. Quel pays, quelle région, etc.

Le « etc. » se termina par un froncement inquiet des sourcils. J'insistai :

– Papa, admettons que tu apprennes que la pierre X provient de la région Y d'un pays Z. Après, on se débrouille comment ?

– Heu... On trouve le vendeur de ce machin et il nous conduit à l'acheteur qui nous conduit... heu...

Mélinda croqua un sucre. Je tapotai le dos de mon père qui s'étranglait, probablement à cause d'une salive amère. En même temps, je mis les points sur les i.

– Papa, il n'y a que dans les romans policiers que les héros de papier réussissent à regrimper ainsi en arrière les barreaux d'une échelle. Les vrais policiers réussissent aussi ce genre de trucs de temps en temps. Nous ne sommes ni les uns ni les autres.

– Nous verrons bien ! conclut Arthur, un peu sèchement. Au boulot, Bertille. Je t'accorde deux jours, pas davantage, pour cuisiner nos voisins du Val Brûlé et je ne m'en accorde pas plus pour le même travail à Sponge.

Deux jours ? Cinq maisons en comptant la nôtre ? J'accomplirais ma mission en moins d'une heure. Je décidai d'attendre le lendemain dimanche, certaine que ma balade à travers le Val n'apporterait rien. Mélinda, pas plus enthousiaste que moi, retourna se perdre dans *Le Désert des Tartares*. Mon père, rempli d'une énergie nouvelle, rafla le pendentif, le fourra dans sa poche, trompeta « À ce soir, les filles ! » puis grimpa dans la Clio sans penser à changer de vêtements. Un jean taché de peinture, un T-shirt tagué dans le dos du nom d'un obscur groupe de musique, *The Mamas & the Papas* (qui d'autre que papa pouvait s'autoriser ça ?), et aux pieds des sandalettes à lanière de cuir qu'il avait confectionnées et qui ressemblaient à des chaussures de poubelle. Je me disais, en le regardant partir, qu'un type à catogan, ainsi vêtu, possédait un nombre très limité de chances d'aboutir dans une quelconque enquête, même en exhibant une fausse carte professionnelle libellée *Squalo : Détective Privé et Associée*.

Le lendemain dimanche, je me sentais encore moins emballée d'aider papa dans son enquête concernant *le crâne de la grange*. Je pressentais de plus en plus l'échec cuisant. Nous ne fréquentions pas les autres habitants du Val Brûlé – d'ailleurs, personne ne fréquentait personne – mais nous nous croisions assez souvent pour que je réalise l'absurdité d'une telle enquête de proximité. Nos voisins avaient tous, à vue de nez, entre trente et soixante ans, or la fille morte chez nous avait rencontré son assassin, selon les gendarmes, quarante à cinquante ans plus tôt. Leur parler ne mènerait nulle part.

Je me sentais moins fière aussi à l'idée de débarquer en scooter (les maisons étaient dispersées) et de poser des questions à des adultes. Je n'avais que seize ans et je n'imaginais pas une seconde que montrer une des cartes *professionnelles* d'Arthur les impressionnerait.

Ils se marreraient. Ricaneraient dans mon dos. « L'homme à la queue-de-cheval » (mon père), expression entendue dans la bouche du boulanger itinérant, qui leur semblait déjà bizarre en temps ordinaire, dépassait cette fois les bornes en se prenant pour Sherlock Holmes. En outre, il faisait beau, un temps d'été, plus propice à la balade qu'à un travail d'apprentie détective privée. « Il n'y a pas de quoi se réjouir d'un pareil soleil à cette saison, ronchonnait maman. Augmentation de la température, glaciers qui fondent, niveau des océans qui s'élève, on va où, comme ça ? »

Catastrophe climatique ou non, Édouard m'avait téléphoné alors que j'enfourchais mon scooter et bouclais mon casque. (« Tu ne peux pas marcher un peu, ma chérie ? » avait encore ronchonné Mélinda.)

– Bertille, deux sets au tennis te tenteraient ? avait proposé Édouard.

Je savais qu'il s'agissait d'Édouard grâce à son nom qu'affichait l'écran de mon portable. Le tennis me tentait. Enfin, Édouard surtout me tentait, mais j'avais promis à mon père de l'aider. Il avait pris de l'avance, emmagasinant depuis la veille des informations à Sponge. Il refusait de nous en parler. « Je déballerai tout quand nous ferons le point, ma grande. »

Mon hésitation au téléphone avait agacé Édouard. Quand il s'énervait, il devenait idiot.

– Bertille, un tennis avec toi me titille.

Un jeu de mots désolant qui avait emporté ma décision, mais je l'avais quand même planquée sous un mensonge.

– J'aide mes parents. On attaque les gros travaux dans la grange.

– Tant pis pour toi. Agathe ne demandera pas mieux que de taper des balles. Elle n'attend que ça, me téléphone tous les jours et après on ira à la piscine à Dijon et après qui sait...

Coup bas. J'avais coupé mon portable et mis en marche le scooter. Lemercier, le militaire au crâne rasé, était éliminé de ma liste des personnes à visiter. Il ne restait donc que trois maisons. Nous devions, selon les consignes d'Arthur, rassembler à Sponge et au Val Brûlé les rumeurs de la campagne, les récits colportés au fil du temps, les « on-dit », les « il paraît que », bref les histoires que les mémoires des divers habitants de la région se seraient transmises. Chaque famille ajoute à ces récits des transformations, des exagérations le plus souvent, afin de les rendre les plus palpitants possible. Papa avait pris les devants :

– Évidemment, Bertille, que nous ne prendrons pas ça comme des vérités révélées. Nous ferons le tri entre le vraisemblable, le possible et l'impossible. On dégraissera.

Encore fallait-il qu'il y ait quelque chose à dégraisser ! Or, en roulant sur l'étroite départementale qui desservait le Val Brûlé, je me disais de plus en plus que je perdais mon temps et qu'Agathe (qui était cette fille, probablement nulle au tennis ?) profiterait de mon mauvais choix.

Les trois maisons qui demeuraient dans ma liste étaient aussi anciennes que la nôtre. Des fermes plus ou moins bien retapées, selon les goûts et l'argent des propriétaires. La première était un bloc carré se dressant au fond d'une cour entièrement dallée de rectangles de béton rose. On avait retiré le crépi des murs de la maison. Les pierres apparentes, le toit refait à neuf de tuiles vernissées, les deux étages, la cour rutilante : l'ensemble transpirait l'argent. Arthur m'avait donné les renseignements élémentaires. Mme et M. Boirin, la quarantaine sans enfants, un couple d'orthophonistes à Dijon. Mon plan était prêt. Engager la conversation sous un quelconque prétexte : les occupants de la maison s'empresseraient de parler de *la tombe*, même si un crâne vieux d'un demi-siècle ne semblait guère exciter les imaginations des habitants du Val Brûlé. L'homme était dans la cour. Un mauvais début : j'aurais préféré la femme.

– Bonjour, monsieur Boirin.

Petit, maigre, un jean et un pull fin impeccable, agenouillé comme s'il priait. Il se redressa en grognant, portant la main à son dos, et parcourut les quelques pas le conduisant vers moi. Il marmonna :

– Saloperie de mousse qui se fout même entre les dalles. C'était bien la peine de dépenser autant d'argent pour être quand même emmerdé par la nature. Parfois, je regrette la ville et ses immeubles. Il sourit, ajouta : Bonjour, Bertille. On profite du beau temps pour se balader ?

Un picotement d'angoisse escalada ma colonne vertébrale, des fesses au cou. J'étais dans les starting-blocks et il ne fallait pas que je me casse la figure au moment du départ. Subitement, je me trouvais assez nulle et déplacée, en bermuda bleu, T-shirt noir, assise sur un scooter jaune, dans une cour rose, voulant « cuisiner » (l'expression de papa) un voisin à qui je n'avais pas adressé trois phrases durant ces deux années vécues au Val Brûlé. Lui, au moins, connaissait mon nom, alors que j'avais appris le sien seulement la veille, grâce au briefing paternel.

– Oui, je profite du soleil et je me demandais si le chemin de terre qui monte dans la forêt, derrière chez vous... heu... si on peut rouler en scooter ou si...

Ou si quoi ? Je me mis à rougir. J'avais emprunté dix fois ce chemin forestier et Antoine Boirin m'avait sans doute aperçue.

– Je me doute que tu as envie de fuir la ferme avec ce cadavre chez toi, les gendarmes qui défilent, leurs questions et tout ce bazar. Vous n'avez pas eu de chance de déterrer ce squelette sous votre grange.

Cadavre, squelette : il exagérait, mais je me détendis. Ainsi que l'avait prévu papa, notre voisin en venait de lui-même à la découverte d'un crâne chez nous.

– Qui sait si chez vous il n'y pas aussi un squelette caché sous un plancher ou... ?

J'abandonnai ma supposition sur un point d'interrogation. Elle s'accompagnait d'un mince sourire qui se voulait ironique, mais j'espérais que mon voisin me suivrait sur ce chemin.

– Aucune chance, hélas, répliqua Antoine Boirin. J'aurais adoré ça ! Enfin un événement qui me changerait du train-train habituel ! Hélas, on a défoncé cette vieille ferme de fond en comble, avant de l'habiter, et que dalle, même pas un os de chien. Mon voisin s'approcha plus près. Il dit : Pas mal ton engin, j'aime cette couleur jaune. Tu abîmeras ton scooter si tu t'aventures en forêt en prenant le chemin derrière chez moi.

Sa main virevolta, indiquant le sentier dont j'avais parlé. Il émit un petit rire joyeux, poursuivit :

– En plus, hein, les belles filles comme toi qui se baladent seules en forêt, hein...

Son rire enfla.

– Tu connais l'histoire du Petit Chaperon rouge, hein, Bertille, et à ton âge on sait ce qu'il en est réellement du loup de ce conte.

Ses yeux enflaient aussi, du moins à ce qu'il me parut, parce qu'il les déposait plus longtemps que nécessaire sur ma poitrine et sur mes jambes nues. Ce type me déplaisait. Autant en finir rapidement et me rendre chez un autre voisin.

– Les précédents propriétaires de votre maison ont vécu longtemps ici ? Ils n'ont rien raconté sur la vie au Val Brûlé ? Mon père assure qu'à la campagne les rumeurs circulent de maison en maison, on se transmet des histoires de génération en génération. Il y a les « on-dit », les cancans de village.

Antoine Boirin interrompit mes explications embarrassées en levant la main droite. Il ricana :

– Tes parents croient au père Noël ou alors ils lisent trop de romans. Si ton père s'imagine qu'on raconte qu'autrefois au Val Brûlé rôdait un sale type à gueule d'assassin, il se fourre le doigt dans l'œil.

Il toussota, fourra une main sous son pull, se gratta et poursuivit :

– De toute façon, nous on ne saurait rien. Ludivine et moi, nous habitons le Val Brûlé depuis dix ans, on bosse comme des malades toute la journée, alors écouter ces conneries de « il paraît que... ». En plus, les anciens proprios, on les a vus une heure chez le notaire, bonjour, un chèque et au revoir.

Je remis le moteur du scooter en marche. Il n'y avait rien à attendre de la famille Boirin. Je me sentais un peu déprimée, même si j'avais prévu que mon enquête de voisinage aboutirait à un cul-de-sac. Je fis ronfler le moteur.

– Merci pour vos conseils, monsieur Boirin. Je n'irai pas en scooter sur ce chemin, j'aurais trop peur de l'abîmer. Mes parents viennent de me l'offrir.

J'opérai un demi-tour au milieu de la cour, esquissai un vague salut de la main, très bref pour ne pas me casser la figure. Boirin fit le même, en plus ample, et cria :

– Si tu aimes marcher en forêt, fais-moi signe, je te montrerai les super coins à champignons où personne ne va !

J'accélérai à fond les 50 cm³ du moteur. Je connaissais parfaitement le Petit Chaperon rouge et je venais de parler à un crétin de loup.

La maison suivante me prit à peine cinq minutes. L'ancienne ferme était rafistolée sommairement. Mme et M. Orcival. Arthur ignorait ce qu'ils faisaient dans la vie, à part leur jardin (immense) et du footing pour monsieur qui passait devant chez nous sans dire bonjour. Son chien courait devant. Un animal aussi peu sympathique que son maître, mais qui avait la bonne idée de foncer tête baissée, le museau baveux, sans s'intéresser à nous si nous étions dans notre cour.

– C'est pour quoi ? demanda la femme qui répondit à mon appel de la cloche qui pendait à un portail métallique fermé et cadenassé d'une chaîne.

La voix ressemblait à la tête du chien : aussi peu aimable. La femme, petite, bronzée, était jolie.

– Mes parents se demandent si pas trop loin d'ici quelqu'un vendrait des œufs frais. Comme vous habitez le Val Brûlé depuis plus longtemps que nous, peut-être avez-vous une adresse ?

Mon prétexte était minable. La Clio avait assez sillonné la région pour que nous sachions qu'aucune poule n'existait dans un rayon de plusieurs kilomètres.

– Ben, ma petite, nous les œufs on les achète comme tout le monde à l'Intermarché de Sponge. Marius et moi, nous ne sommes pas du genre à faire des tas de chichis sur la nourriture, le biologique et tout ce bazar stupide que vous recherchez et qui rime pas à grand-chose, à notre avis.

Aimable, la dame. Dans ces conditions, amener la conversation sur le crâne découvert dans notre grange se transformait en performance impossible. Une voix surgit de la maison, par une fenêtre ouverte :

– Qui est cet emmerdeur, Justine ? On n'a besoin de rien, alors tu dis au revoir et tu radines fissa m'aider.

Aimable, le monsieur. Justine cria « J'arrive ! » puis :

– On connaît pas mieux la région. On est arrivés dans ce trou pourri seulement un mois avant vous et comme personne ne nous adresse la parole, à croire qu'on a la peste...

Et le choléra. C'est ce que je pensais maintenant. Je ferais encore chou blanc.

– Merci, madame. Au revoir.

Un salut hypocrite. Je ne souhaitais pas revoir la belle Justine.

– Dis, ma petite, les gendarmes vont encore se pointer combien de fois chez vous ? Marius et moi, on aime guère qu'ils fourrent leur nez au Val parce qu'ils ont vite fait de contrôler une voiture ou je ne sais quoi et de vous refiler un PV, histoire de remplir les caisses de l'État. Tout ça pour un bout d'os trouvé et qui remonte à Vercingétorix. Ils feraient mieux de dépenser nos impôts à surveiller ces Roumains qui traînent dans la région.

– Au revoir, madame.

Mon scooter était à moins de cinquante mètres du portail quand j'entendis hurler Marius :

– Tu ramènes tes fesses un jour, Justine, ou tu tiens le crachoir jusqu'à demain ?

Restait la troisième et dernière maison. Je tournais autour, ne parvenant pas à me décider. À quoi bon ? Je garai le scooter près d'un arbre, scrutant la cour déserte, à une cinquantaine de mètres. Je calculais quel stratagème j'emploierais pour entrer chez Mme et M. Ledol, un couple de notaires, un enfant. Une famille discrète. Et si j'annonçais tout simplement la vérité ?

– Bonjour. Voilà ce qui m'amène : mes parents et moi sommes perturbés par ce crime commis chez nous. Nous essayons de comprendre et peut-être d'apprendre ce qui s'est produit dans notre grange il y a une cinquantaine d'années.

Oui, je ferais ça, même si annoncer que la famille Squalo comptait damer le pion à la gendarmerie et débrouiller une histoire vieille d'un demi-siècle puait la prétention. La sonnerie de mon portable interrompit ma réflexion. Papa.

– Tu en es où, ma grande ? Tu progresses ?

Je m'en sortis par une question, moi aussi.

– Et toi ?

– Pas vraiment. À Sponge, tout le monde connaît le crime grâce à l'article paru dans le journal local, alors engager la conversation est facile, mais je n'aboutis à rien.

Évidemment. Un événement si ancien que les mémoires l'avaient effacé. J'encourageai pourtant Arthur.

— Il faut continuer. On ne sait jamais. Tu pourrais avoir un coup de pot, par exemple rencontrer un vieillard au cerveau en pleine forme et il se souviendrait d'événements bizarres survenus dans la région.

Papa grogna. Maugréa :

— Ouais... ouais... le coup de pot... Puis : Le Val Brûlé... beaucoup de personnes ne connaissent même pas l'existence de ce hameau. C'est comme si on perchait en Mongolie ! Ceux qui connaissent disent à peu près tous la même chose : il y a quarante ou cinquante ans, on ne se déplaçait pas comme aujourd'hui et Sponge et le Val Brûlé s'ignoraient plus ou moins. Un type m'a dit en rigolant : « Que des paysans là-bas, à l'époque, et ils en bavaient trop pour gagner quatre sous, alors venir les dépenser à Sponge ne leur venait pas à l'idée. »

— La pierre verte ?

Ma question n'avait pour but que de noyer le découragement de mon père et d'ouvrir une autre piste que la dérisoire enquête de voisinage. Bien visé car sa voix s'éclaircit et, s'il avait été près de moi, j'aurais vu des étincelles dans ses yeux.

— Bingo, Bertille ! J'ai dégotté un passionné de pierres, collectionneur de fossiles et de toutes les sortes de cailloux qu'on peut trouver. Il organise chaque année une exposition dans le bled et on m'assure qu'il est incollable sur le sujet. J'ai rendez-vous avec lui cet après-midi. D'ici là, je continue ma virée dans les bistrots, les magasins, un peu au hasard Balthasar.

Je l'interrompis. Une idée me traversait l'esprit.

– Il y a une maison de retraite à Sponge ?

Papa comprit aussitôt où je voulais en venir. Un silence, puis une exclamation :

– Bertille ! Géniale ! Tu es géniale, Bertille Squalo ! Oui, il y a une maison de retraite, donc une véritable bibliothèque bourrée de mémoires qui ne demandent qu'à revenir cinquante ans en arrière. Pourquoi n'y ai-je pas pensé plus tôt ? Bisous, ma chérie. À ce soir.

Communication coupée. Tout papa. J'aurais pourtant aimé qu'il développe le constat « ma fille est géniale ». Son enquête étant relancée, ce ne devait plus être des étincelles qui claquaient dans ses yeux, mais de véritables bombes. Je mis mon portable dans ma poche, me mordis la lèvre en imaginant Arthur Squalo vêtu de ses taches de peinture, de son T-shirt *The Papas & the Mamas*, décoré de son catogan, sans compter l'anneau perçant son oreille droite, pénétrant dans le hall d'accueil d'une maison de retraite remplie de vieillards. Combien de crises cardiaques provoquerait-il ?

Je levai la tête et vis un enfant dans la cour de la maison Ledol.

– Tu m'emmènes faire un tour sur ton scooter ? Je m'ennuie, je suis tout seul, je m'appelle Léonard, j'ai huit ans, mes parents sont à la messe et toi tu t'appelles Bertille, tu ne vas pas à l'école, tu as de la chance, mes parents disent que c'est malsain une fille de seize ans qui traîne à la maison sans rien faire de ses dix doigts.

Ouf ! Léonard me débitait des morceaux de sa vie alors même que je venais de m'arrêter dans la cour de sa maison, me contentant de dire bonjour, sans couper le moteur du scooter, ni même en descendre.

– Dis donc, tu en sais des trucs sur moi. Tu n'as pas l'air d'avoir froid aux yeux. Pourquoi tu n'es pas à la messe avec tes parents ?

Une maison vide signifiait qu'une fois de plus mon enquête de voisinage aboutirait à un échec. Au fond, je ressentais plutôt un soulagement. J'éprouvais de plus en plus un grand malaise à parler d'une façon si hypocrite à des personnes que je connaissais à peine et auxquelles je n'avais rien à dire.

– Pourquoi j'irais à la messe ? répliqua Léonard. Je ne crois pas en Dieu.

J'éclatai de rire. Léonard fronça les sourcils. Il s'approcha du scooter, dit :

– Éteins ton moteur, il pue.

J'obéis. Il contourna le Yamaha, se plaça de l'autre côté. Jean, T-shirt noir sévère, baskets brunes sans lacets, cheveux châtains coupés très court et visage fin, presque maigre, semblable à un museau d'écureuil. Les yeux, d'un brun clair, brillaient d'une curiosité qu'ils ne cherchaient nullement à dissimuler.

– Pourquoi tu rigoles ? demanda Léonard. Il n'y a pas de quoi rire.

Mes mains abandonnèrent le guidon du scooter. Je croisai les bras et posai le pied droit plus fermement sur le sol afin d'assurer un équilibre moins précaire.

– Je ris parce que entendre un enfant de huit ans déclarer qu'il ne croit pas en Dieu est une chose étrange.

– Je ne vois pas pourquoi. Tu me prends pour un débile ? Dieu, il n'existe même pas en vrai.

– Ah bon ? Tu as des preuves ?

– Plutôt ! S'il existait, je ne vivrais pas ici, dans un endroit aussi dégueu, où il n'y a pas un enfant et où je ne sais jamais quoi faire et où je mourrai d'ennui jusqu'à la fin de ma vie et jamais un vrai Dieu qui existerait accepterait qu'une chose pareille puisse arriver à un garçon de huit ans.

Un débit de kalachnikov. Je me mordis la lèvre afin de ne pas rire. Léonard semblait détester qu'on le considère comme un enfant de huit ans.

– J'accepte ton raisonnement, Léonard.

– Tu m'emmènes faire un tour ?

– Je ne peux pas. On croirait à un kidnapping. D'ailleurs, je n'ai pas de casque pour toi.

– Ben, t'en as pas mis un non plus et si les flics te voyaient, ils te colleraient un PV. Bon, d'accord, on ne va nulle part, mais toi tu restes discuter un moment avec moi. D'abord, je sais pourquoi tu tournes autour de la maison depuis dix minutes. Je t'ai vue depuis la fenêtre de ma chambre. En plus, j'ai des super jumelles qui grossissent des millions de fois.

Sa main droite désigna l'étage de la maison. Une belle propriété, remise en état par des professionnels qui connaissaient mieux leur travail que la famille Squalo apprentis maçons. Deux anciennes granges rénovées encadraient la bâtisse principale, imposante, l'ensemble formant un U entre les bras duquel s'étalait une grande cour gravillonnée de cailloux blancs.

– Tu m'espionnais ? Très bien, mais alors tu me dis pourquoi selon toi je tourne autour de ta maison depuis dix minutes.

Léonard pouffa et mit une main devant sa bouche.

– Mes parents diraient que tu prépares un mauvais coup. Ils voient des cambrioleurs partout. En plus, ils disent que ton père a mauvais genre à cause de sa boucle d'oreille.

J'émis un sourire tiède qui parut encourager les confidences de Léonard.

– Moi, je trouve que ton père est rigolo. Il est pas comme le mien qui rigole jamais.

Mon sourire tiédit encore. Changer de conversation s'imposait.

– Donc, selon toi, pourquoi je rôde autour de ta belle maison ?

– Parce que tu fais une enquête, répondit Léonard, en posant une main sur le guidon du scooter. Tu veux savoir qui est ce cadavre chez toi, qui l'a tué, pourquoi on l'a tué et comment, tout quoi, et tu as raison, moi je ferais pareil si je trouvais un cadavre comme toi, mais je n'aurai pas ce bol même si je creuse plein partout chez nous et je continuerai à m'ennuyer alors que toi tu t'amuses à être une détective privée et donc tu viens interroger les voisins.

Il reprit sa respiration. Léonard était un gamin stupéfiant qui ne réfléchissait pas seulement à l'existence ou non de Dieu. Il mania la poignée du Yamaha, grogna « vroum... vroum... », puis :

– Mes parents ne te diront rien. Ils parlent des fois du cadavre chez vous, mais ils ne sont pas contents que vous en ayez trouvé un pas loin de chez nous parce qu'ils disent que ça peut enlever de la valeur à notre maison. Ils ne savent rien du tout, donc tu perdrais ton temps à les interroger. Par contre...

Léonard se tut et lorgna la maison. Il livra la suite de la phrase en adoptant un ton triomphal :

– Par contre, mon papi parle sans arrêt du squelette chez vous ! Il dit que ça ne l'étonne pas, il connaissait les gens qui habitaient la ferme avant.

Je m'apprêtais à m'en aller. Machine arrière. Un picotement d'excitation me chatouilla le dos.

– Ton grand-père...

– Il s'appelle Joseph, comme le mari de la Vierge, mais ça ne l'empêche pas lui aussi de ne pas croire en Dieu, alors il ne va pas à la messe, mais il vient manger avec nous le dimanche et il est là, si tu veux lui parler je le préviens.

J'étais si énervée qu'au lieu de me précipiter sur la proposition, je fis une remarque inutile :

– Tu m'as dit que tu étais seul ?

– Mon papi, il a quatre-vingts ans, il me garde le dimanche à cause de la messe, mais je m'ennuie autant que si je restais seul.

– Tu me conduis vers lui ?

– D'accord. En échange, si mon papi veut bien, tu m'emmènes sur ton scooter autour du Val.

– Entendu. On va voir ton grand-père.

Joseph lisait dans la cuisine. *Paris Match*. Un bel homme, aux cheveux blancs, vêtu d'une veste bleue, d'une chemise blanche et d'une cravate. Il ressemblait à l'idée que je me faisais d'un grand-père. Je n'avais jamais connu mes grands-parents – excepté « papi blues » devenu « moine », mais un moine n'était pas un vrai grand-père – décédés tous les trois dans un accident d'avion survenu au-dessus de l'océan Atlantique. Joseph ne montra aucune surprise quand j'entrai dans la cuisine.

– Bonjour, Bertille.

– Bonjour, monsieur. Vous me connaissez ?

– Non. J'entends ton nom dans les conversations.

Il posa *Paris Match*, le repoussa au bout de la table et rit :

– Tu es la fille de la maison hantée. Il se reprit, gomma le rire : J'ai tort de plaisanter. On ne doit pas rire de la mort, même si elle s'est produite il y a longtemps.

Léonard avait ouvert le frigidaire. Il mangeait quelque chose. Il claqua la porte, dit :

– Bertille veut que tu lui parles de sa maison, des personnes qui l'habitaient autrefois, tu sais ce que tu racontes à maman et à papa, mais eux ils ne t'écoutent pas, ils s'en fichent, mais Bertille au contraire ça l'intéresse vachement et après si tu es d'accord, elle me fait faire un tour sur son scooter.

Le grand-père soupira, passa une main dans sa crinière blanche.

– Raconter, je suis d'accord. Le scooter, pas question. Tu es sous ma surveillance et tes parents ne te permettraient pas de grimper sur une moto.

Léonard lui tira la langue.

– Je m'en doutais, papi ! J'ai essayé et j'ai perdu, tant pis, mais de toute façon l'histoire du squelette m'intéresse.

Je suivais ce ping-pong verbal en étant assez embarrassée. Je ne savais pas trop quelle conduite tenir. Léonard et Joseph étaient deux complices qui s'adoraient, c'était visible dans leurs yeux et ils oubliaient peu à peu l'étrangère que j'étais et ma macabre curiosité. Je toussotai, dis :

– Une fille d'à peu près mon âge est morte chez nous. Mes parents et moi, nous avons un mal fou à accepter de vivre dans l'ignorance à son sujet. C'est comme... c'est comme si elle mourait une seconde fois.

– Je comprends, Bertille, mais je crains que Léo ait exagéré en promettant que son grand-père livrerait de formidables secrets. Mon petit-fils a tendance à rêver d'événements sensationnels qui le sortiraient de l'ordinaire d'une vie au Val Brûlé. Il lit trop de romans. Assieds-toi là, ma fille.

Je m'éclaircis la gorge, pris place sur la chaise que Joseph m'indiquait en face de lui et dis :

– Léonard m'assure que vous connaissiez les anciens propriétaires de notre maison.

– Mes parents possédaient cette ferme. Une belle ferme, à l'époque. Mais je n'aimais ni les travaux des paysans, trop pénibles pour moi, ni cette vie… heu… cette vie d'enfermement au Val Brûlé. Je suis parti faire des études de droit et suis devenu notaire.

Le regard de Joseph erra autour de la cuisine.

– D'ailleurs, je déteste toujours le Val Brûlé, mais cette maison était un bien de famille, mes parents y tenaient, donc j'ai estimé que mon devoir consistait à la léguer à mon tour à mon fils, notaire lui aussi.

On s'éloignait de la découverte d'un crâne dans notre grange. Est-ce que la vie du vieux monsieur allait défiler de son enfance à aujourd'hui ? Léonard dut trouver le temps long, car il remit le grand-père sur les bons rails.

– Papi ! Raconte les gens qui vivaient dans la maison au squelette !

Joseph tressaillit. Il parut émerger d'un rêve. Un sourire un peu triste flotta sur ses lèvres.

— Ah oui, Léo, tu as raison ! Excusez-moi, mademoiselle Bertille, l'âge rend gâteux dès qu'on repense à son enfance. Bref, je ne revenais à la ferme que le week-end et, une fois adulte, que le dimanche, comme maintenant, sauf qu'à l'époque, je déjeunais avec mes parents et pas avec mon fils !

Léonard vint se placer derrière la chaise de son grand-père et mit ses bras autour de son cou.

— Papi, si tu continues à pinailler je t'étrangle.

Joseph rit. Il saisit une des mains de son petit-fils, dit :

— Il le ferait, le bougre. Bon, je capitule. Ta maison, Bertille, était aussi une ferme, mais ça ne marchait pas très fort là-bas. Les fermiers étaient âgés et vivaient seuls. Leur fille unique s'appelait Berthe... Oui, c'est curieux, je me souviens de ce prénom, je me demande pourquoi. Berthe, comme moi, ne devait guère aimer le travail du paysan car elle habitait la ville, loin, je ne sais plus laquelle. Elle était mariée et ne venait pas au Val... En tout cas, je ne conserve aucun souvenir d'une visite à ses parents.

— Qu'une fille ? dis-je d'un ton de regret, comme si j'avais espéré qu'une des filles des fermiers soit le cadavre de la grange.

Joseph ne prêta aucune attention à ma remarque.

— Les vieux fermiers étaient détestés. Des gens durs, qui ne parlaient presque à personne et jalousaient tout le monde. Ils travaillaient sans arrêt et pourtant leur ferme périclitait. Quelques vaches, des poules, des lapins, quelques hectares de mauvaises terres... Pas grand-chose, en somme, mais ils ne parvenaient même pas à s'occuper de ce pas grand-chose. Ils étaient trop âgés, trop fatigués, trop aigris. On les disait méchants.

– Vous alliez de temps en temps chez eux ? Vous leur parliez ?

– Oh non, Bertille ! Chacun chez soi ! Puis, je te l'ai dit, moi adulte je ne venais que le dimanche au Val Brûlé et le couple passait pour deux sauvages. Je me souviens... oui... ils avaient un chien, un berger allemand qui montrait les crocs et il n'était pas question d'entrer dans leur cour. Mes parents disaient : « Tel chien, tels maîtres. » Le Val Brûlé se méfiait d'eux, mais tu sais, ma petite, ça ne veut rien dire. À la campagne, les rumeurs vont bon train, on a vite fait de juger, de condamner, de rejeter celui qui est différent et souvent les « on-dit » ne tiennent pas debout.

Joseph m'observa. Il constatait ma déception.

– Eh oui, petite, je sais que je ne t'apprends pas grand-chose et je le regrette.

Je m'efforçai de sourire. Une grimace qui ressemblait à celle d'un enfant recevant en cadeau de Noël un modèle réduit de voiture en plastique alors qu'il espérait une Ferrari télécommandée. Léonard intervint :

– Ouais, mais papi tu disais avant qu'ils auraient pu tuer n'importe qui dans leur maison barricadée et personne ne s'en serait aperçu puisque personne n'entrait chez eux.

Le grand-père haussa les épaules.

– Je disais des bêtises, mon Léo, pour que tu t'occupes l'esprit avec elles et que tu construises dans ta tête des histoires abracadabrantes qui te tiendraient compagnie jusqu'à ce que je revienne déjeuner au Val Brûlé le dimanche suivant.

– C'était quand même des sales types, les gens de là-bas ! conclut Léonard. Moi, je suis sûr que c'est eux les assassins. La fille se promenait dans la forêt autour de leur ferme, et tac, ça ne leur a pas plu, et tac, ils lui font du mal, et tac...

– Ou pire, mon Léo ! coupa Joseph avant que le délire de son petit-fils prenne des proportions incontrôlables. Barbe Bleue à côté d'eux, de la gnognotte.

Je me levai.

– Je vous remercie, monsieur Ledol. Grâce à vos informations, je connais mieux les fermiers qui vivaient chez nous.

Joseph se leva aussi.

– Léo et moi, on te raccompagne. Tu es gentille, mais je doute que grâce à moi tu t'approches davantage de cette mystérieuse histoire. Ma dernière visite dominicale à mes parents remonte à 1967. J'avais trente-cinq ans. Je suis parti deux ans aux États-Unis et au retour, je me suis installé à cinq cents kilomètres du Val Brûlé. Je n'ai remis les pieds dans cette maison que lorsque mon fils Pierre a décidé de l'habiter.

Le grand-père écarta les bras dans un geste fataliste. Une sorte de lassitude. J'avais l'impression que mon départ l'attristait. Il aurait souhaité que je discute plus longtemps avec lui. Il ressemblait à Léonard : lui aussi s'ennuyait au Val Brûlé. Il n'y revenait que pour des raisons familiales et j'aurais juré que la famille en question se résumait à son petit-fils. Parvenu à la porte, il me tendit la main.

– Quand je suis parti, en 1967, une dernière rumeur se propageait au sujet des fermiers. L'épicier ambulant la confiait à chacun de ses clients. Les fermiers... tu te rends compte, Bertille, que je ne me rappelle même plus leur nom de famille ! Vieillir est un désastre. Bref, les fermiers n'en pouvaient plus d'assumer les tâches quotidiennes et ils ont dit à l'épicier ambulant qui venait deux fois par semaine au Val qu'ils allaient employer des nègres.

Je sursautai et m'exclamai :

– Des nègres ?

Joseph se tapota la tempe de l'index de sa main droite.

– Des nègres, oui, c'était le mot qu'ils employaient. Je te l'ai dit : des fous ! À mon avis, ils se croyaient aux États-Unis, dans une ferme du Sud à l'époque de l'esclavage. Sortir de pareilles idioties n'a pas dû arranger leur réputation.

6

1966-1967

Je dois me dépêcher d'écrire ce récit. Ma mémoire s'échappe, ses fugues sont de plus en plus longues. Il arrive que je sois incapable de transcrire en mots, sur une feuille, les événements qui hantent ma tête. Ainsi, hier, je suis resté plus de trois heures assis devant ce cahier ouvert sur mon bureau, le stylo à la main, voyant Anélie sur mes rétines, entendant sa voix et pourtant mon stylo refusait d'agir.

Léa, moi qui ne crois pas en Dieu, qui n'ai jamais pu croire en lui après ce qu'il m'a fait subir, je prie chaque matin pour qu'il m'accorde le répit nécessaire à l'achèvement de ce récit.

La deux-chevaux verte revint souvent à Bourg-Calat durant les mois de cette fin d'année 1966. Elle ne nous inquiétait pas vraiment, même si Anélie pimentait de plus en plus ses histoires de disparitions mystérieuses. Elle les rapportait de la ville. Elle descendait plus souvent que moi à Grande-Pierre. Elle allait à l'école ou rendait visite à l'un ou l'autre de ses frères aînés, du moins jusqu'à ce qu'ils disparaissent, un jour de juin, sans laisser d'adresse ni donner le plus léger signe de vie. Anélie ne devait plus jamais entendre parler d'eux. Quand elle rentrait de Grande-Pierre, elle cherchait probablement à m'impressionner, sous prétexte que je n'avais rencontré, au cours de ma journée, que quelques habitants des Hauts et les oiseaux que je continuais à massacrer.

– Ils sont venus chez les Hoareau, ils ont volé deux enfants et personne ne sait où ils sont.

– Dans leur famille, quelque part à la ville, à Saint-Pierre ou plus loin.

– Mais non, idiot ! s'indignait Anélie, parce que je ne la croyais pas. Il paraît qu'on a trouvé des tombes fraîches dans la forêt du cirque de Taoufote.

Anélie avait raison : je ne la croyais pas. À la fin de son histoire, pour lui faire plaisir, je hochais la tête avec gravité, braillais « les salauds » et je proposais même de dégommer les occupants de la camionnette verte de quelques coups de mon lance-pierre. On enterrerait Monique et Nicolas sous les bambous du Bois des Marrons.

– T'es con ! protestait Anélie, en s'étouffant de rire.

En revanche, une de ses hypothèses, expliquant d'étranges disparitions d'enfants, me paraissait plus sérieuse.

– Cette fois, la DDASS a emporté Jean-Pierre Lebon et Bénile Dojoux. Ils les ont vendus comme esclaves pour travailler dans une plantation de coton en Amérique.

C'était possible. Tante Sélisse m'avait emmené au cinéma, une fois, une seule fois, à Grande-Pierre et j'avais vu *Autant en emporte le vent*. Tout le monde savait sur l'île de Maloya, même ceux qui allaient peu à l'école et jamais au cinéma, que les Américains étaient des négriers.

– Les salauds ! Être vendu comme esclave, c'est pire que mourir et être enterré dans une forêt de Tan rouges. Faut les dégommer !

Anélie, fière de son effet, s'était empressée d'enfoncer le clou de ma révolte.

– En plus, c'est sûr et certain ce que je raconte, pas des menteries comme j'invente des fois pour rigoler, parce que quelqu'un de Grande-Pierre a vu monter Jean-Pierre et Bénile dans un avion, à l'aéroport de Saint-Pierre et ils avaient des chaînes aux pieds.

Les chaînes aux pieds m'avaient soulagé. C'était trop ! Au cinéma, oui, mais sur notre île... Qu'Anélie, une fille de dix ans, croie un pareil scénario, d'accord, mais j'étais un garçon de douze ans et il y avait des limites ! À la réflexion, les tombes sous les bambous ou les Tan rouges, par comparaison, me semblaient davantage crédibles.

À défaut de « dégommer » les occupants de la deux-chevaux verte de la DDASS, lorsque je croisais la camionnette, je la canardais des pierres que contenaient mes poches. J'étais si fébrile que je ratais souvent la cible. Un jour, Nicolas freina brutalement et s'éjecta de la voiture aussi vite que si elle était en feu. Il se plaça au milieu de la route, sans dire un mot. Nous étions face à face, comme deux cow-boys au moment du règlement de compte final. Je crois que Nicolas hésitait à se lancer à ma poursuite. Il se doutait qu'il ne m'attraperait pas. Ou alors, me voir bien campé sur mes jambes, mes bras étirant le caoutchouc du lance-pierre, le dissuadait de tenter quoi que ce soit. Je tirerais. C'est ce qu'il devait penser. Pourtant, même si je me prenais pour un justicier redresseur de torts, à l'image de ceux que je découvrais dans *Super Boys*, une bande dessinée qu'on me prêtait, je n'aurais jamais canardé un homme.

C'est ce que j'écris aujourd'hui, Léa, mais je n'en suis pas si sûr.

Parfois, Nicolas n'était pas le conducteur. Un autre homme, noir ou blanc, était au volant, mais Monique occupait toujours le siège passager.

Les jours s'écoulaient, semblables et lents. J'allais de temps en temps à l'école. Plus souvent, car il pleuvait et, sous les trombes d'eau, les heures s'éternisaient si Anélie n'était pas avec moi. Elle allait à l'école un jour sur deux au moins et je l'accompagnais quand je n'en pouvais plus de l'attendre. Nous n'étions pas dans la même classe. Nous descendions ensemble les trois collines qui nous séparaient de Grande-Pierre. Il m'arrivait de tenir la main d'Anélie. Il arrivait aussi que des garçons et des filles jaloux chantonnent « Oh les zamoureux... eux... eux... » ou jettent des mots crus. Ils en profitaient dès qu'ils s'apercevaient que je n'avais pas mon lance-pierre. L'emporter à l'école revenait à me le faire confisquer par le maître. Je pensais qu'Anélie allait plus souvent à l'école pour la même raison que moi : la pluie. Elle nous empêchait de sortir et ravageait les chemins, les rendant impraticables durant des heures. Mais, un jour, alors que nous dévalions les collines vers Grande-Pierre, elle m'avoua la vérité alors que je lui proposais *une fugue*.

– Il ne pleut pas, pourquoi on va à l'école ? Si on construisait une cabane dans le Bois des Marrons ? Je saurais la faire et on volerait des patates qu'on ferait cuire sous la cendre avec l'oiseau que je tuerais et on…

Anélie brisa mes délires de trappeur.

– T'es fou ? Tu as vu comment on est habillés ?

Une belle robe presque neuve pour elle, un impeccable pantalon de toile bleue et une chemise presque blanche pour moi. Tous les deux, nous portions des chaussures qui ne résisteraient pas longtemps à la boue de nos chemins et encore moins à celle des champs.

– J'ai pas envie non plus d'aller à l'école, précisa Anélie, mais je suis obligée.

– Pourquoi ? Ton père ne dira rien, il est…

– Je sais mieux que toi où il est ! coupa sèchement Anélie. Ma mère aussi elle est obligée.

– Obligée d'aller à l'école ?

Je voulais faire le malin. Anélie secoua son bras droit afin de dégager sa main que je serrais.

– Des fois, t'es con, Ylisse. Tu ressembles aux merdeux que je connais et je déteste quand tu te conduis comme eux. Ma mère a eu la visite de la DDASS. Plein de fois. En ce moment ils n'ont pas l'air de rigoler.

Anélie ne riait pas non plus. Elle marchait plus vite, évitant ainsi de me regarder. Elle parlait en descendant la colline, m'obligeant à presser le pas. Je compris qu'elle savait beaucoup de choses au sujet de la deux-chevaux verte, de la DDASS et même de Monique et Nicolas. Et que toutes les histoires d'assassinats, de négriers, qu'elle racontait en prenant une voix de conspirateur, elle les inventait dans le but de me distraire au point que j'oublierais de poser des questions précises qui me dévoileraient la vérité. Anélie ignorait, tout comme je l'ignorais, que les filets de la DDASS se tendaient aussi autour de mon père. De moi.

– Monique dit à ma mère qu'elle ne réussira pas à m'élever correctement, que j'ai trop de frères et sœurs et à cause de Camélien qui… qui…

Elle s'arrêta, m'attendit en me tournant le dos. Je m'arrêtai aussi, refusant de la rejoindre. Elle fut obligée de se retourner.

– Ils disent que je ne vais pas à l'école, que nous ne respectons pas la loi, que partie comme ça je deviendrai rien de bon et que ma mère n'a pas le droit de gâcher ma vie.

Elle me regardait, maintenant. Fixement. Je la dominais, de là où je me trouvais. Elle me parut plus petite, plus fragile. Je ne sais pas pourquoi un détail me frappa : elle ne portait plus les nœuds de ruban au bout de ses nattes. Je ne savais pas trop quoi répliquer. Ce qu'elle me racontait me semblait sans réelle importance : ce n'étaient que des propos d'adultes. Comme souvent, quand j'étais embarrassé, je fis le malin.

– On s'en fout, Anélie, de ce qu'ils disent ! Ta mère aussi s'en fout !

Elle poursuivit ses explications, sans tenir compte de mon attitude de fier-à-bras.

– C'est pour ça que je vais plus souvent à l'école, pour qu'ils se calment, mais ils reviennent quand même à la maison. Ils ont juré à Ombeline que s'ils s'occupaient de moi, plus tard j'aurais un beau métier, je ferais des études et... Elle éclata de rire et dit : Et même que j'irais en France, que là-bas je gagnerais plein d'argent, que je serais tellement riche que je pourrais en envoyer à ma famille. En France ! Ils sont cons de croire qu'on peut croire ça.

Anélie me tendit la main. Je la rejoignis. Ses yeux brillaient. À l'époque, je crus que cet éclat provenait de son rire. La France ! Ce pays me semblait aussi peu réel que les cow-boys de ma bande dessinée. Je compris, des années après, que c'étaient les larmes qui donnaient de l'éclat aux yeux d'Anélie.

Elle s'empara de ma main. Dit :

– On s'en fout de la DDASS, on s'en fout de la France, on s'en fout de l'argent que je gagnerais. On n'ira pas à l'école aujourd'hui. On s'en fout de nos habits si on les esquinte et on s'en fout de leurs menaces. Viens, on va construire une cabane dans le Bois des Marrons, on volera des patates, tu tueras un oiseau, on le rôtira et même si ça se trouve on dormira dans notre cabane cette nuit.

Je ne me souviens plus très bien des semaines suivantes. Combien de semaines ? Les pluies avaient cessé, libérant l'habituel ciel bleu muni de son soleil incandescent. L'ordinaire des jours à Bourg-Calat se déroulait sans événements capables de retenir l'attention. Tante Sélisse venait moins souvent à la maison. Elle avait trouvé un travail, deux ou trois jours par semaine. Elle rentrait trop tard de Grande-Pierre pour avoir le temps de s'occuper de moi. Mon père avait cessé de boire. Sa décision tenait bon. Il disposait de davantage d'argent. Où le prenait-il ? Je m'en fichais complètement, me contentant de son « Je me débrouille pas trop mal en ce moment » qu'il me sortait quand il avait effectué un nouvel achat. Quand je regagnais notre case, je trouvais les repas prêts. Ils étaient plus copieux. De la viande presque chaque jour. Il m'achetait de nouveaux T-shirts, très colorés, mais aucun ne me plaisait autant que mon Raymond Kopa, pourtant défraîchi.

Puis, vint le jour.

Je n'avais pas vu Anélie depuis le mardi et nous étions samedi. Elle devait descendre à Grande-Pierre, si ma mémoire est bonne. Je ne me souviens plus des raisons expliquant cette séparation de trois jours. Je n'en pouvais plus de rôder seul de colline en colline, de canarder les chiens qui se sauvaient en hurlant, d'être avec mon père qui parlait si peu, ou alors c'était pour se plaindre ou me mettre en garde contre des dangers dont il ne donnait pas les noms.

– Je n'aimerais pas que tu tournes mal comme moi, Ylisse. J'ai pas très bien réussi dans ma vie. T'as pas tiré le bon numéro à la loterie des parents, mon gamin, je voudrais pas que plus tard tes gosses tirent un mauvais numéro à leur tour. Tante Sélisse et moi, on va devoir réfléchir à ton avenir.

Anélie devait me retrouver le samedi, en fin d'après-midi, sous le frangipanier sur le tronc duquel nous avions creusé nos deux noms. Pas avec des cœurs, non, non, ma Léa, ces bêtises qu'on peut lire dans certains romans. Seulement notre prénom, notre nom, notre âge : une sorte de carte d'identité qui se lirait dans le bois durant des dizaines d'années.

Anélie Rivière - 10 ans
Ylisse Payet - 12 ans

Anélie avait corrigé les âges inscrits au départ.

– Il faut tenir notre arbre à jour. Bientôt onze pour moi et treize pour toi.

Elle avait barré 10 et 12, du tranchant de mon couteau et creusé 11 et 13 dans la chair blanche du frangipanier.

Vers midi, n'y tenant plus, je pris la décision d'aller chercher Anélie. Elle serait peut-être rentrée de Grande-Pierre en avance parce qu'elle mourait d'impatience dans l'attente de l'heure du frangipanier.

Personne. Pas même les frères et sœurs d'Anélie. C'était bizarre. La porte de la case fermée, alors qu'elle était toujours grande ouverte. On aurait dit une maison inhabitée. L'idée qu'Anélie avait déménagé me traversa l'esprit. Un frisson de peur se coula dans mon dos. Je rectifiai aussitôt : un déménagement était impossible, elle m'aurait évidemment averti.

J'ouvris la porte sans frapper. Une lumière brûlante, issue d'une fenêtre, envahissait la pièce. Ombeline Rivière, assise sur une chaise, au fond, à l'abri des éclats de soleil, dormait. Elle se réveilla en sursaut. Elle me vit, écarquilla les yeux comme si elle mettait sa vision au point, grogna « Ben, il manquait plus que toi », et avant que j'aie posé la moindre question, elle délivra la nouvelle :

– Si tu cherches ma fille, tu as perdu. Elle n'est pas là. Elle n'est plus là. C'est pas demain qu'elle sera là.

Elle s'exprimait d'une voix morne, pas du tout en employant le ton criard et colérique qu'elle utilisait à chacune de nos rencontres.

– Elle est avec ses frères et sœurs ?

– Non. Les autres sont montés là-haut, une voisine me les prend deux ou trois jours, mais pas Anélie.

– Elle est où ?

– Ça te regarde pas, gamin. Je me demande si j'ai eu raison. Des fois, je pense oui, des fois je pense non.

Ombeline Rivière ploya son corps massif vers l'avant. Je m'aperçus qu'elle tenait un chapelet entre ses gros doigts.

Elle venait donc de prier. Un frisson dégoulina à nouveau dans mon dos.

– Où elle est, Anélie ? Elle devait me rejoindre sous le frangipanier derrière la bananeraie de m'sieur Kakouk.

Je fis deux pas. Je ne devais pas avoir l'air commode car Ombeline Rivière se leva et me repoussa du plat de la main.

– T'hésiterais pas à tenter un mauvais coup, hein, si je te réponds pas ? On te connaît par ici, on sait de quoi tu es capable. Elle soupira, haussa les épaules et dit : Ma foi, c'est la preuve que tu l'aimes sacrément, mon Anélie, et le savoir me fait du bien aujourd'hui, même si ça ne sert plus à rien et à toi non plus ça ne sert plus à rien.

Elle voyait juste. J'étais prêt à bousculer Ombeline Rivière ou à casser quelque chose dans la maison tellement j'étais en colère. Elle haussa à nouveau les épaules, se dirigea vers le buffet. Elle marchait en traînant les pieds. On aurait dit une très vieille personne usée de fatigue. Elle me fit signe de la suivre.

– Approche, Ylisse. Je me rends compte que tu as le droit de savoir puisqu'à ce qui se raconte à Bourg-Calat, il paraît que ma fille et toi vous étiez comme qui dirait des jeunes mariés avant l'âge.

Un bref rire rauque de fumeuse de Gauloises, mais un rire qui résonnait à la façon d'un sanglot étouffé.

Je bouillais d'énervement et de colère, comprenant qu'Anélie ne viendrait pas à notre rendez-vous sous le frangipanier. Je n'ai pas imaginé une seconde qu'Ombeline

Rivière m'apprendrait l'abominable. Elle ouvrit un des tiroirs du buffet, y plongea sa main droite et l'y laissa, tout en se détournant afin de m'observer d'un regard hésitant. Elle semblait soudain regretter sa proposition de me confier son secret.

– Y a quoi dans le tiroir ?

Ma voix volcanique la décida.

– Ils m'ont promis, Ylisse, qu'Anélie serait bien plus heureuse. Elle est intelligente, mon Anélie. L'instituteur de Grande-Pierre dit qu'elle est la plus douée de la classe, celle qui pourrait aller le plus loin et pourtant elle ne fréquente pas l'école aussi souvent qu'il le faudrait.

Ombeline Rivière renifla trois ou quatre fois de suite, puis elle se frotta la joue de sa main gauche. Elle poursuivit :

– Ils ont dit qu'elle fera de bonnes études, qu'elle gagnera bien sa vie grâce à eux et à mon sacrifice et que plus tard, comme elle deviendra une dame, elle pourra faire vivre toute la famille, surtout si elle peut partir en métropole... La métropole, tu sais bien Ylisse, la France quoi.

Alors, je compris tout. Je balbutiai :

– La DDASS ?

– T'es donc au courant, mon garçon, que tu sais ce nom ? Tant mieux, ce sera plus facile d'expliquer. Oui, la DDASS. Ils venaient depuis des semaines, ils apportaient de bonnes choses à manger. Je voyais qu'ils étaient gentils, qu'ils protégeaient les petites gens comme nous, mais j'hésitais parce que mon Anélie, je l'aime autant que mes autres enfants, même si des fois elle te ressemble, devient chameau et qu'elle n'est pas aussi facile que je voudrais.

– Ils ont emmené Anélie ?

Je tremblais du haut en bas et me sentais sans force, le corps aussi mou que celui d'un ver de terre.

– Finalement, j'ai dit oui, pour le bien de mon Anélie, pour qu'elle devienne une dame comme ils l'ont promis, au lieu de mourir doucement comme moi à Bourg-Calat, dans la misère et dans la peur du lendemain. Ils sont venus hier à la nuit tombée. Elle eut un hoquet, puis : La nuit a avalé ma fille.

– Ils l'ont emmenée où ?

– Au foyer de l'Îlet-du-Port, le temps qu'elle se requinque et qu'elle rattrape son retard à l'école. Ils m'ont montré des photos. C'est rudement beau là-bas, pas comme nos cases ici, avec l'eau au robinet, des lumières partout et...

Sa main émergea du tiroir. Elle tenait une feuille de papier. Je me souviens qu'Ombeline Rivière pleurait, des sanglots presque silencieux, pendant que je lisais la feuille qu'elle me tendait.

Je soussigné, Félix Norel, Directeur départemental de l'Action sanitaire et sociale, déclare avoir reçu le 25 juillet 1966 madame Rivière Ombeline, née le 16 août 1924 et domiciliée à Bourg-Calat, chemin des Hauts.

Elle nous a déclaré vouloir effectuer l'abandon à la DDASS *de :*

Rivière Anélie née le 12 mars 1956 à Bourg-Calat.

Ci-dessous, l'empreinte digitale de la mère
La signature du garde champêtre, témoin
Et du directeur de la DDASS.

Mon père nettoyait la case. Short, torse nu. Je l'aperçus du dehors, depuis la cour, à travers la porte ouverte. Il était plutôt pas mal fichu, en dépit de la vie qu'il menait. Notre mobilier était déposé à l'extérieur, éparpillé autour de la maison. Pas grand-chose.
– Papa !
Il sortit, tenant un seau dans une main, une serpillière dégoulinante dans l'autre.
– Te voilà, fils ! Bonne idée, tu m'aideras au ménage, tante Sélisse ne viendra pas pendant trois mois, elle a trouvé un travail dans un restaurant sur la côte, mais on se passera d'elle.
– Je m'en fous !
Mon père posa le matériel. Les mains sur les hanches.
– À ce que je constate, t'es mal tourné, Ylisse. Je parie que c'est à cause de ta promise que tu ne vois plus depuis des jours. Les femmes, tu sais, faut s'y habituer.
Malgré sa plaisanterie, il ne souriait pas. Il sentait que j'étais une bombe amorcée posée sur deux jambes.
– Papa, tu as vu les personnes de la DDASS, ces jours-ci ? En deux-chevaux verte, un homme, une femme ?
Un vague sourire. Mon père essaya encore la plaisanterie.
– Oui, mais maintenant ils roulent en deux-chevaux bleue.

– Je m'en fous de la couleur de la bagnole. Ils veulent m'emmener au foyer à l'Îlet-du-Port ?

Papa s'approcha. Les deux dans la cour, face à face.

– Alors fiston, t'es au courant de leurs simagrées ? Peut-être qu'ils ont tenté le coup avec ta chérie ? Ben oui, tu as raison, ils te kidnapperaient bien comme c'est déjà arrivé à d'autres gosses, à ce qu'on raconte, à Grande-Pierre, à Morne-Galet, à Cinq Bassins, à...

– Je m'en fous.

Je me souviens que je parlais sans colère. Une détermination froide d'adulte qui sait où il veut en venir. Je prononçais « Je m'en fous » du ton dont j'aurais dit « Il pleut ». Papa voulut poser sa main sur mon épaule. Je reculai de trois pas.

– Ils peuvent toujours causer, Ylisse, c'est pas demain qu'ils me prendront mon garçon. Tous les deux, à partir de maintenant, on change de vie. Tu as vu, je ne bois plus une goutte de rhum depuis des semaines.

Il s'interrompit. Épongea son front en sueur.

– Tu m'écoutes au moins, Ylisse, ou tu me joues ton rôle préféré, celui du teigneux qui fait ce qu'il a choisi de faire ? À partir de la semaine prochaine, tu descends à l'école tous les jours et moi aussi je descends à Grande-Pierre chercher du boulot et comme ça ils ne pourront pas dire que tout va à vau-l'eau chez nous et que je ne m'occupe pas de toi.

Mon père s'avança des trois pas qui m'éloignaient de lui. Il en fit deux de plus. Il était contre moi, sa hanche touchait la mienne. Je sentais l'âcre odeur de sa transpiration. Il mit sa main sur mon épaule. Je me souviens encore, en dépit des quarante-six ans écoulés, que cette main était aussi glacée que celle d'un mort.

– Mon petiot, dit mon père, je crois bien que tous les deux on est à la croisée des chemins et qu'il est temps de se serrer les coudes. T'as pas trop eu de père jusqu'à maintenant, comme je le dis souvent, mais…

– Papa, je veux aller au foyer de l'Îlet-du-Port. J'en ai marre de Bourg-Calat et si tu veux assurer mon avenir, tu dois signer le papier de la DDASS.

7

2012

Briefing, quarante-huit heures plus tard.

Briefing était le mot qu'employait Arthur. Il sonnait comme une réunion capitale gérant le sort du monde à la Maison Blanche. Il fallait bien ça pour nous remonter le moral. Papa avait décidé de laisser décanter nos informations durant deux jours, moi j'avais cherché dans un dictionnaire le sens du verbe « décanter » et maman travaillait à l'école Carnot de Sponge.

Le briefing se tenait dans le salon. Nous étions assis en rond, sur des poufs marocains. J'avais passé les derniers jours plus ou moins enfermée dans ma chambre, à pianoter sur mon ordinateur, sur mon portable, à écrire mon roman et à lire aussi, mais j'avais l'esprit ailleurs. J'entendais les coups de marteau provenant de la grange. Mon père reprenait son travail de maçon. Mauvais signe. Édouard ne répondait pas à mes appels, alors que ma raquette était prête et moi j'étais prête aussi à lui dire combien Agathe était sûrement une gourde. Ce silence était un autre mauvais signe. Qui plus est, j'avais surpris maman dans la grange, devant *la tombe* maintenant comblée. Un furtif signe de croix ! Maman, qui ne croyait ni en Dieu ni au diable, priait en pensant à la fille assassinée ? Ce n'était pas très bon signe non plus.

Je m'étais dit qu'il y avait urgence à dénouer les fils du mystère qui entourait le crâne de la grange.

– Bon, annonça Arthur d'un air lugubre tout en époussetant le plâtre qui maculait son T-shirt, on met tout sur la table et on discute. Enfin, Bertille et moi, parce que toi Mélinda…

Il considéra maman avec suspicion, comme si être institutrice alors qu'un assassinat s'était produit chez nous était purement et simplement de la trahison à l'égard de Squalo & Cie.

– Commençons par moi, poursuivit Arthur. Je me suis accordé deux jours pour relire mes notes, réfléchir à ce que j'avais entendu afin d'être certain de ne rien oublier.

– Parce qu'il y aurait quelque chose à oublier ? demanda perfidement Mélinda. D'après ce que tu as laissé entendre, on a l'impression d'un calme plat.

Les joues de mon père se teintèrent d'une touche de rose. Il eut pourtant la franchise de reconnaître les faits.

– Mes résultats ne remporteront pas la médaille d'or, c'est vrai. Les commerçants de Sponge ne savent rien. Aucun des magasins dans lesquels je suis entré n'existait il y a quarante ou cinquante ans. Dans les bars…

Je profitai de son hésitation pour manifester mon inquiétude :

– Combien de bars, papa ?

Mon père cligna de l'œil et sourit.

– Un paquet, ma chérie ! Dans ce bled, les boutiques ferment car l'immense centre commercial de la Toison d'Or les dévore les unes après les autres. En revanche, les troquets poussent comme des champignons. Rassure-toi, Bertille, je n'ai bu que deux bières en tout et pour tout. Il haussa les épaules, poursuivit : Ma sobriété explique peut-être les silences des vieux que j'ai rencontrés dans ces cafés. Pour leur tirer les vers du nez, j'aurais dû trinquer et jouer à la belote avec eux.

– Tu as bien fait de laisser les vers dans leur nez, nota Mélinda.

– Et les verres d'alcool dans les bouteilles, dis-je avec un humour aussi poussif que celui de maman.

– Ouais, bravo les filles, quelle forme ! ironisa Arthur. D'accord, mon idée d'interroger les habitants de Sponge n'était pas géniale, je l'admets. Soit ils sont trop jeunes, soit ils ignorent l'existence du Val Brûlé, soit ils n'ont jamais entendu parler d'événements violents qui auraient pu se produire là… soit… soit ils se foutent complètement de notre histoire !

– Et la maison de retraite, papa ?

Arthur cessa de se balancer sur son pouf et prit une cigarette dans le paquet posé sur la table de verre. Papa ne fumait plus depuis longtemps, mais tripoter une clope entre ses doigts le *rassurait*, mot qu'il employait sans expliquer en quoi réduire en bouillie une cigarette pouvait rassurer. Il la considérait d'un air hébété et conservait le silence. Il nous fallut plusieurs secondes pour que maman et moi réalisions qu'un fou rire silencieux l'empêchait de parler. Ses épaules se mirent à vibrer comme s'il avait mis ses doigts dans une prise électrique.

– Chéri ? fit maman, soupçonneuse.

Moi, j'étais *rassurée* et sans cigarette. Je me mis à rire aussi. Mon père réussit à se calmer après avoir déchiqueté la Gauloise. Le tabac tomba entre les poils du tapis.

– Putain ! s'exclama Arthur, en se frappant les cuisses d'énormes claques qui durent laisser des bleus.

– Je t'en prie, mon chéri, surveille ton langage ! dit Mélinda de sa voix d'institutrice tançant un gamin de CM2.

– Quelle Bérézina ! s'exclama joyeusement Arthur. Heu… Bertille, pour ton information, la Bérézina est une défaite des armées napoléoniennes et…

– Merci papa de veiller à ma culture générale !

– Ne te fâche pas, ma puce. Donc, quand je suis entré dans la salle d'accueil de la maison de retraite, j'ai eu l'impression d'être un serpent à sept têtes. Un silence incroyable. Cinquante yeux se sont braqués sur ma pomme et même les vieillards qui dormaient au fond de leur fauteuil se sont réveillés.

– Papa, évidemment ! Tu te rends compte comment tu es fringué ? Tu ne te changes pas, on dirait que tu es tombé dans un tonneau de peinture !

– Ben quoi ? fit Arthur, en affichant un sourire innocent. Les travailleurs manuels n'auraient plus le droit de sortir ? Il recommença à rire. Puis : Finalement, ils se sont réveillés de leur coma et la salle s'est transformée en volière. Ça pépiait de partout. Je me suis assis à une table, mais je flanquais la trouille aux dix pensionnaires installés dans les environs. Ils ne répondaient pas à mes questions. Je ne sais même pas s'ils comprenaient.

Arthur toucha sa boucle d'oreille.

– N'empêche que cette maison de retraite est comme un moulin. Pas un seul membre du personnel ne m'a demandé ce que je faisais là, qui j'étais, si j'avais de la famille, pourquoi je demandais aux résidents s'ils étaient originaires de la région, s'ils connaissaient le Val Brûlé. Incroyable, non ?

– Donc, papa, mon idée était mauvaise ? Personne ne se souvient d'événements bizarres qui se seraient produits ici, autrefois ?

– Ben non, Bertille. Ils se méfiaient.

Arthur fit glisser son paquet de cigarettes sur le verre de la table basse. Une grimace.

– Squalo, agence de détectives privés, ouais... ouais... On interroge les gens et ils vous apprennent des trucs intéressants, mon œil ! On lit ça dans les romans policiers, on le voit au cinéma, mais les écrivains et les scénaristes sont des rigolos planqués dans des bureaux. Ils ne connaissent pas la vraie vie.

Il me lorgna.

– Bertille, comme tu deviendras un écrivain de talent, je compte sur toi pour faire avancer cette histoire de crâne de la grange et trouver une issue qui tienne debout. Heu... Vous ne savez pas encore comment s'est terminée mon incursion chez les retraités. Accrochez-vous !

Mélinda me jeta un coup d'œil affolé et me toucha le genou de son pied nu. Elle me prévenait qu'il fallait s'attendre au pire. La jubilation si visible d'Arthur annonçait un dénouement grandiose.

Et il le fut, même si Arthur en avait conservé le secret durant plusieurs jours.

– Ils ont appelé les flics, annonça mon père, d'une voix qui trahissait son incrédulité au point de zozoter.

– Les flics ? s'étrangla Mélinda qui associait mentalement les mots « police, institutrice, scandale, conséquences pour sa carrière d'enseignante ».

– Ben oui, fit papa, récupérant un sourire proche du ravissement. Un des pensionnaires possédait un portable, il a composé le 17 déclarant « qu'un voyou à cheveux longs et boucle d'oreille, armé d'une kalachnikov, menaçait les résidents de la maison de retraite ».

– Une kalachnikov, papa ? Tu pousses !

– Je te jure que non, Bertille ! Le vieillard, probablement nourri par les faits divers de la télévision, a raconté ça à la police qui a rappliqué illico. Une voiture avec gyrophare pour moi tout seul, et trois gus en bleu qui n'ont pas du tout apprécié le scénario.

J'étais morte de rire. Plus tellement mon père, confronté aux tintements exaspérés des ongles de Mélinda contre ses dents, un tam-tam annonciateur d'une crise aiguë dans le couple.

– Ton aventure s'est terminée comment ?

– Ton cirque, oui ! corrigea maman.

– J'admets, les filles, que la fin n'est pas géniale. Contrôle d'identité, qu'est-ce que vous foutez là, pourquoi ces questions, qui êtes-vous, vous avez l'autorisation, c'est quoi cette histoire de crâne dans la grange, vous vous prenez pour la police, vous avez une licence de détective privé, vous croyez qu'on n'a que ça à faire, à s'occuper d'excités, vous avez intérêt à la mettre en veilleuse, sinon...

– Stop, mon chéri ! s'époumona Mélinda, en brassant l'air de ses deux bras.

Elle secouait la tête à une cadence incroyable, mais son sévère chignon de cheveux roux tenait bon. J'intervins afin d'éteindre le feu :

– Ton enquête là-bas n'est pas obligatoirement négative. Les pensionnaires de la maison de retraite, après tout ce bazar chez eux, ont dû réfléchir, se parler. Ton intervention les a réveillés, elle les occupera pendant des jours et des jours. Ils vont réchauffer leur mémoire et qui sait... ?

Papa m'adressa un sourire chaleureux.

– Merci, Bertille. Toi, au moins, tu te montres positive.

Il pointa l'index de sa main droite vers la poitrine de Mélinda qui palpitait sous le fin T-shirt rouge.

– Pas comme toi, chérie, qui doute de Squalo & Cie. Pourtant, tu as tort, oui il se pourrait que je vous surprenne. Il palpa sa boucle d'oreille, son catogan, se frotta le menton, espérant ainsi rendre le suspense insoutenable. Il n'y avait pas grand suspense à attendre, mais je jouai le jeu, toujours dans le but d'éloigner l'orage.

– Oh, ouais surprends-nous, papa ! Il est arrivé quelque chose d'important après tes soucis avec la police ?

Mon père croisa les bras. Il nous dévisagea tour à tour, tout en hochant la tête d'un air déçu. Il consentit enfin à dénouer ses bras, glissa une main dans une poche, dit : « Hé, hé les filles, un chouïa de méthode et de la suite dans les idées ne font pas de mal. » Il sortit sa main. Elle tenait mon pendentif.

– Je te rends ton bien, Bertille. Tu peux le remettre autour de ton cou, il en vaut la peine, crois-moi.

La pierre verte était douce au toucher. En passant la lanière autour de mon cou, je sus où papa voulait en venir. Le rendez-vous avec le spécialiste des fossiles. Je soulevai la pierre entre le pouce et l'index et dis :

– Tu as appris quelque chose ? Tu suis une piste ?

– On peut le dire ! s'exclama Arthur, en posant ses mains à plat sur ses cuisses.

Il nous dévisageait comme si notre nullité dans le groupe Squalo & Cie devenait désespérante. Mélinda sourit, se rongea une parcelle d'ongle ou plutôt fit semblant et déclara :

– Vas-y, mon chéri, tu bous d'impatience et Bertille et moi, c'est bien simple nous sommes pires qu'une casserole oubliée sur le feu.

– Deux casseroles ! corrigea papa, d'un ton plus mordant qu'il n'était nécessaire.

Il soupira, puis se lança :

– Mon idée était assez géniale et, ma grande, récupérer ce truc dans la tombe était tout simplement un acte digne de Sherlock Holmes.

Papa exagérait, mais Mélinda et moi étions trop impatientes pour relever son excès d'optimisme. Je dis « Alors ? » et, comme rien ne venait, maman s'énerva :

– Bon Dieu, tu l'accouches, ta géniale trouvaille !

– Le spécialiste des pierres avec lequel j'avais rendez-vous est tout sauf un hurluberlu ! Il s'y connaît et pas qu'un peu, vu qu'il a écrit trois ou quatre bouquins sur le sujet des minéraux, des fossiles, etc. Il est invité à la télévision dans des émissions consacrées à ça.

– Papa, tu te décides !

– Donc, ma chérie, la pierre que tu as récupérée et que cette pauvre gamine assassinée sous notre toit portait probablement autour du cou, comme toi…

Arthur hésita et ses lèvres s'ornèrent d'une grimace douloureuse. Il détestait ce rapprochement entre cette fille morte et sa propre fille, bien vivante.

– Cette pierre est une olivine, poursuivit mon père. Une pierre assez rare, que les joailliers utilisent quand ils peuvent mettre la main dessus. Ils l'appellent alors « péridot ». Mais une olivine de cette taille est rarissime, ou plutôt deux olivines de cette taille sont rarissimes, car lorsque le miracle en fait découvrir une, en réalité il en existe une autre, attenante à la première ou noyée à proximité dans sa gangue comme... comme des jumelles en quelque sorte, mais je le répète, les trouver de cette taille est ultra rare.

– Donc, commenta crûment Mélinda, la trouvaille de Bertille vaut des sous.

– Maman ! On dirait que tu manques d'argent ! Cette fille gardait ce trésor autour de son cou : il devait y avoir une raison ou alors, elle était comme toi, assez riche pour ne pas vendre cette pierre.

Arthur applaudit.

– Bravo, ma fille ! Le fric que rapporterait l'olivine, on s'en fout ! En revanche, ce qu'elle nous apprend est génial.

Ma mère et moi étions tassées d'accablement sur nos poufs.

– Papa, tu dis la suite sinon on part se promener !

– La suite, les filles, est que l'olivine n'existe qu'enrobée dans une gangue de basalte.

Nouvelle interruption. Nouveau suspense. Et en prime, un sourire épanoui.

– Et, poursuivit Arthur, comme les deux femmes de ma vie sont à peu près incultes, à peu près illettrées...

– Oh, ça va ! dit Mélinda.

– Le basalte est une roche éruptive. Il faut en remuer des tonnes pour dégoter une olivine. Il ne vous échappera pas qu'aucun volcan en activité ne se manifeste dans le coin, ni même en France.

– Papa ! Il ne t'échappera pas que ton humour à deux balles nous fatigue !

– Selon mon spécialiste de Sponge, la pierre provient probablement de l'île de Maloya, de son volcan principal le Piton des Créoles, régulièrement en activité et qui crache son basalte comme on crache des noyaux de cerises. Selon lui, on récupère parfois des olivines là-bas. Bien sûr, c'est une hypothèse, l'olivine a pu être achetée dans un pays quelconque, volcanique, mais l'île de Maloya est un département français et la pierre atterrit au Val Brûlé, dans un autre département français, ce qui rend mon hypothèse plausible.

– Bien, nota Mélinda d'une voix tendue, qui trahissait sa déception. Tu proposes qu'on parte à Maloya, sur les traces de l'olivine, comme Tintin part au Tibet sur les traces du yéti ?

Arthur ricana.

– Sur les traces de son ami Tchang, ma chérie, et pas du yéti, mais peu importe. Pourquoi pas ? Tu puises dans ton trésor, tu nous offres deux semaines sur la plage de Saint-Aigrette, dans ce magnifique hôtel où nous étions en voyage de noces.

– Et on se promène en exhibant l'olivine, en criant comme si nous étions en train de vendre des salades sur un marché : « Vous ne sauriez pas qui possédait cette magnifique pierre précieuse ? »

Mes parents s'aperçurent que je ne participais pas à leur jeu. Que je me taisais et réfléchissais. Papa intervint le premier après avoir esquissé une grimace de chien pris en train de fouiller dans la poubelle.

– Tu ne dis rien, Bertille ? D'accord, ma grande, j'admets que mon information ne m'autorisait pas à triompher et que Squalo & Cie ne progresse guère.

Il m'adressa un clin d'œil car je restais sans réaction.

– Mais, d'après ce que tu as laissé filtrer hier de ton enquête de voisinage, tu n'as pas fais mieux que moi.

J'allongeai les jambes jusque sous la table, les étirant au maximum afin de me détendre. Ce n'était pas le moment, pourtant je m'étonnais de les trouver si longues, si bronzées, si belles quoi, mais pourquoi avais-je des pieds si grands, si moches, du quarante et un à seize ans, franchement la vie se montrait injuste.

– Tu rêves, Bertille ? insista Arthur. Tu es dans ton futur roman au lieu de réfléchir à notre affaire du crâne de la grange ?

– Papa, sur l'île de Maloya vivent bien des Noirs ?

– Oui... enfin, pas seulement. Des Noirs, des Blancs, des Jaunes, des métis, des... Une mosaïque de couleurs de peaux.

J'inclinai la tête à plusieurs reprises, confirmant ainsi que je le savais plus ou moins. Maman connaissait mieux ma façon de réagir que mon père. Mon silence l'intriguait.

Elle toucha mon genou de son pied nu et dit :

– Toi, ma chérie, tu as un truc qui te trotte dans la tête.

– Je ne sais pas. Dimanche, je suis allée chez les Ledol.

– Les Ledol ? fit Arthur, comme s'il avait oublié l'existence de nos voisins.

– La belle maison... La plus belle, la dernière du Val, sur la route de Dijon.

– Ah oui, les notaires. Et alors ?

– Le grand-père s'appelle Joseph... Euh, oui, il y avait Léonard, un petit garçon de huit ans et son grand-père qui le gardait, un homme de quatre-vingts ans.

Mélinda soupira et considéra les ongles peints de rouge de ses pieds nus. Je crois qu'elle songeait à son bouquin *Le Désert des Tartares*. Elle bouillait d'impatience de rejoindre le lieutenant Drogo, dont elle m'avait parlé, plutôt que de perdre son temps à évoquer nos voisins qui avaient moins de réalité que ses héros de papier.

– Joseph Ledol a connu les propriétaires de notre maison.

Papa eut un hoquet de surprise. Il s'exclama :

– Bingo, ma fille !

Je tournai la tête de gauche à droite, afin de calmer son excitation.

– Ne t'emballe pas, papa. Il ne sait même plus leur nom ! Les occupants de cette ferme n'évoquent en lui que de très vagues souvenirs, rien de sensationnel, pourtant...

– Pourtant ? fit mon père, ses yeux violets s'éclairant d'un espoir excessif.

– Pourtant... pourtant, les fermiers étaient âgés, selon ses souvenirs, ils ne parvenaient plus à assurer les travaux ordinaires d'une modeste ferme sur le déclin.

– Et alors ? dit maman, délaissant le rouge sanglant de ses pieds.

– En 1967, quand Joseph a quitté le Val Brûlé, ce couple de fermiers songeait à employer... à employer *des nègres*.

– Des nègres ! explosa Mélinda. Non, mais tu entends ce que tu dis, ma fille ! Tu n'as pas honte !

Ma mère était furieuse. Sa fille trahissait l'éducation donnée.

– Maman, oui, des nègres, c'est le mot qu'employaient les fermiers, je n'y peux rien et je le redis exprès, ça en dit long sur ce qu'ils étaient.

Papa était debout. Il expédia un coup de pied vigoureux au pouf sur lequel il était assis, l'envoyant valdinguer au fond du salon.

– Chapeau, Bertille ! Enfin, j'espère que nous tenons un bout du fil, parce que grâce à toi, voici trois morceaux du puzzle rassemblés. Euh, grâce à toi... grâce à nous deux, Squalo & Cie.

– Ah oui ? Lesquels, mon chéri ? demanda Mélinda, d'une voix assez mielleuse pour instiller le doute.

Arthur ponctua chaque morceau du puzzle d'une frappe de son poing contre le plat de sa main gauche offerte en punching-ball.

– Primo : l'olivine égale l'île de Maloya. Secundo : l'île de Maloya égale une population noire... euh... les nègres des fermiers qui habitaient ici. Tertio : 1967 égale il y a quarante-cinq ans et les gendarmes datent l'assassinat de cette fille de quarante à cinquante ans.

8

1966-1967

Vraiment, Léa ma chérie, le temps presse. J'ai hâte d'arriver au terme de mon récit. Il y aura des trous, des oublis sans doute, mais rien d'essentiel et je compte sur ta maman pour préciser certains passages qui te paraîtront obscurs. Rébecca connaît une partie – une partie seulement – de mon enfance. Hier, en fin d'après-midi, ma mémoire a encore flanché : je suis resté presque une heure entière à ma demander qui j'étais

                qui tu étais

                qui était Rébecca.

L'horreur.

Certes, mais cette horreur-là me semble, tout compte fait, moins abominable que ces six mois d'horreur absolue vécus au foyer de l'enfance de l'Îlet-du-Port.

Monique et Nicolas m'accueillirent. Durant tout le trajet, de Bourg-Calat à l'Îlet-du-Port, dans une grande voiture blanche conduite par un homme taciturne et à côté d'un autre type qui fumait, je n'avais pas dit autre chose que :

– Elle est où, Anélie ?

L'homme à la cigarette me parlait entre chaque bouffée. Je ne l'écoutais pas.

– Elle est où, Anélie ?

Nous roulions en bordure de mer. Je n'avais jamais vu la mer et la côte de l'île de Maloya. La route me semblait encombrée de milliers de voitures et il y avait des maisons partout.

– Elle est où, Anélie ?

– Tu la fermes un peu ! m'ordonna le chauffeur.

Son regard méchant coupa le mien dans le rétroviseur.

– Colle-lui-en une s'il t'emmerde autant que moi, dit le chauffeur au fumeur.

Je ne devais revoir aucun des deux hommes durant ces six mois. À notre arrivée, Nicolas, qui nous attendait, ouvrit la portière.

– Voilà donc notre Tarzan au lance-pierre.

– Elle est où, Anélie ?

Monique mit une main sur mon épaule.

– Te bile pas, Ylisse, elle est ici ta chérie. Elle te réclame. Décidément, vous êtes des gosses précoces, il faudra qu'on vous surveille de près, les deux.

Ils riaient. Nicolas se chargea de mon sac. Une musette, celle que j'utilisais quand j'allais à l'école. Elle ne contenait pas grand-chose : deux shorts, trois T-shirts, des chaussures.

– Tu n'auras pas besoin de ces frusques, commenta Nicolas. Ici, on vous habille de pied en cap, avec de beaux vêtements. On jettera ça.

– Tu deviendras un monsieur au foyer, compléta Monique. Tu mangeras bien, tu iras à l'école, on fera de toi un médecin, un avocat ou encore mieux selon ce que tu décideras et ton énergie à travailler dur.

Elle enfila sa main sous mes cheveux longs, emmêlés.

– Il va falloir couper ça, que tu aies l'air présentable.

Je ne bougeais pas. Qu'elle fasse et dise n'importe quoi pourvu qu'elle me conduise auprès d'Anélie.

– Elle est où, Anélie ?

Monique s'empara de mon poignet. Le serra entre ses mains étau. À me faire mal. Elle tira un coup sec, m'obligeant ainsi à me tourner vers elle. Regard glacial.

– On y va vers ta dulcinée, Ylisse, mais maintenant fourre-toi bien dans le crâne une fois pour toutes que l'époque où tu te prenais pour le caïd des Hauts est terminée. Tu ne feras plus la loi. La loi, c'est nous. Pigé, Ylisse ?

– Elle est où, Anélie ?

Monique abandonna mon poignet, fit deux pas, se plaqua contre Nicolas qu'elle embrassa goulûment sur les lèvres. Puis :

– Je me demande si on a tiré les bons numéros avec ces deux-là. J'ai l'impression qu'ils vont nous donner du fil à retordre.

Ce fut le cas.

Le foyer de l'Îlet-du-Port se composait de trois bâtiments alignés en parallèle sur un vaste terrain mal entretenu : de l'herbe, quelques arbres et surtout des broussailles. Un bâtiment pour les filles, un autre pour les garçons, le troisième étant pour les adultes et un peu tout le monde, le réfectoire par exemple. Au total, une quarantaine d'enfants, mais je n'ai jamais su le nombre exact d'adultes. Le soir même, une heure après mon arrivée, j'étais douché – la première vraie douche de ma vie – vêtu de l'uniforme que portaient les garçons au-delà de l'âge de six ans : culotte courte brune, T-shirt bleu une semaine, vert la suivante ou, s'il faisait froid, un épais pull de coton bleu ou vert. Des espèces de pataugas aux pieds.

Je retrouvai Anélie dans la salle de jeux, au rez-de-chaussée du bâtiment commun. Où étaient les jeux ? Je n'en vis aucun digne de ce nom, durant ces six mois. Anélie, assise sur un banc, fixait le gris du mur face à elle. Un affreux boucan transformait la pièce en caisse de résonance au point de devenir sourd après dix minutes de présence ! Des enfants se battaient. Criaient. Chantaient. Quelques-uns essayaient de jouer au mouchoir mais insultaient surtout celui qui tournait autour du cercle des assis. Un adulte – Maurice – se démenait afin de canaliser l'émeute, mais une question et une exigence jaillissaient de partout. Les mêmes.

– Maurice, c'est quand notre tour d'aller dehors ? On veut un ballon et jouer au foot.

– Bientôt ! braillait Maurice, s'éloignant aussi vite que possible de ceux qui le pilonnaient d'impatience.

Je pris place à côté d'Anélie. Nous nous taisions. Pas même une bise, une question, un sourire. Rien. Il fallut dix minutes d'hébétude avant qu'elle se montre plus forte que moi et me prenne enfin la main et dise :

– Je suis contente. Maintenant, c'est plus pareil. Viens.

– Où ?

– Dehors.

Elle se dirigea vers la porte. Je la suivis comme un chiot affolé suit sa mère. Depuis son coin, Maurice hurla :

– Hé, les deux, vous restez là !

– Et ta sœur ! gronda Anélie entre ses dents.

Nous étions dehors, au soleil. Un grillage solide, haut de deux mètres cinquante, entourait le terrain. Anélie m'entraîna derrière des buissons. Les buissons devaient devenir notre refuge préféré durant notre emprisonnement à l'Îlet-du-Port. Elle m'effleura la poitrine et sentit la pierre sous mon T-shirt si ample qu'il aurait convenu à un adulte.

– Ils ne te l'ont pas prise ?

– Ils n'ont pas essayé. S'ils avaient essayé, je les tuais.

– Tu n'as pas ton lance-pierre, sourit Anélie.

Son premier sourire.

– Toi aussi, tu as gardé la tienne.

Je voyais la bosse sous le tissu. Les filles portaient les mêmes T-shirts que les garçons et des jupes bleues à la place de nos shorts. Des sandalettes au lieu des patadougas.

– Ils voulaient me la prendre, raconta Anélie. Ils ont dit : « C'est quoi cette saleté que tu portes autour de ton cou ? »

Elle éclata de rire, chantonna « saleté, saleté, saleté » et ajouta :

– Je les ai prévenus que s'ils touchaient ma pierre... Ils ont eu la trouille que je le fasse.

Anélie ne devait jamais me révéler de quelle menace elle avait usé pour qu'on lui laisse son pendentif. Et au cours de ces six mois, aucun des adultes du foyer de l'Îlet-du-Port ne tenta de me prendre le mien.

Les journées se déroulaient toutes de la même façon, sauf le dimanche. L'école. Un petit bus emmenait les enfants ayant l'âge scolaire. Il fallait parcourir une vingtaine de kilomètres d'une route étroite et sinueuse qui nous descendait à l'école de Petit-Bassin. Anélie était dans une classe, moi dans une autre. Nous nous retrouvions durant les récréations. J'aimais l'école. C'était mieux que l'ennui du foyer. Je ne travaillais pas beaucoup, me contentais de lire ou d'essayer de lire tout ce qui était écrit et me tombait sous la main. Les livres de la bibliothèque, ceux que me prêtait l'institutrice d'Anélie. Pas mon maître, que j'énervais et qui m'oubliait au fond de la classe.

– Tu n'es pas bon à grand-chose parce que tu as décidé de faire la mauvaise tête. Libre à toi, mon garçon, mais en restant un âne, tu comptes te préparer quel avenir à Maloya ?

Son jugement n'était pas si cruel qu'il y paraît.

Au contraire, Anélie travaillait avec hargne. Elle m'expliquait :

– Un jour, on se sauvera tous les deux. Je deviendrai un grand médecin ou une avocate célèbre, comme ils l'ont promis à ma mère et je gagnerai plein d'argent et alors on leur montrera de quoi on est capables.

La messe était obligatoire le dimanche. Elle avait lieu dans la petite église de l'Îlet-du-Port. Je me souviens des messes comme des moments heureux. Anélie et moi, nous nous asseyions au fond de l'église, à l'écart, là où il n'y avait ni bruit, ni bagarres, ni menaces de personne, ni ordres claqués comme des fouets.

Ni gifles.

Monique aimait gifler les enfants de petite taille qui lui désobéissaient. Elle choisissait ses victimes. Très peu de garçons, ou alors elle repérait les freluquets qui ne risquaient pas de se rebeller et de riposter par des coups. Il arrivait que des grands frappent les adultes. Monique se gardait bien de me toucher. Elle se rappelait que j'avais été le gamin au lance-pierre arrêtant la deux-chevaux verte sur les chemins de Bourg-Calat. Elle ne giflait pas Anélie non plus. Peut-être conservait-elle à l'esprit la fameuse et mystérieuse menace évoquée lors de l'essai de la confiscation du pendentif.

En dehors de l'école et de la messe, la vie au foyer de l'Îlet-du-Port était un enfer. L'impression, chaque matin, quand la cloche sonnait pour le réveil, qu'il fallait sauver sa peau. Se mettre hors de la portée des plus grands, des plus forts, des plus sauvages. Il y avait quelques filles et quelques garçons âgés de plus de quinze ans. Ils cognaient ceux qui se trouvaient sur leur chemin.

– File-moi ton chocolat.

La mini-tablette du goûter de quatre heures qui accompagnait le pain. Je la donnais.

– Donne ta part.

De la viande. Surtout le poulet. Le dessert, s'il était appétissant. Je donnais, sans discuter. Anélie, chez les filles, obéissait aussi.

Certains recevaient des colis. S'ils n'étaient pas assez loups, ils n'en voyaient pas la couleur. « Donne ! » Ce mot était le plus redouté. On l'entendait souvent et toute résistance aboutissait à des bagarres. Les coups pleuvaient. Pour rien. Un mot, un regard.

– Va me chercher le ballon.

Le ballon roulait sans cesse hors des limites du terrain de jeu. On allait le récupérer, mais après ce geste de bonne volonté il devenait impossible de s'éloigner du terrain de foot.

– Bouge pas de là ! Tu restes jusqu'à la fin de la partie ! Va chercher le ballon ! Va chercher le ballon ! Va chercher ce putain de ballon, merde, je dois te le répéter combien de fois ?

Comme un chien ramène sans se lasser le morceau de bois qu'on lui lance, nous ramenions sans cesse le ballon. C'était aussi : « Va me chercher ceci ou cela, va demander au gardien si... »

Nous appelions « gardiens » les adultes qui s'occupaient de nous. Il arrivait que nous utilisions les prénoms mais nous les accolions toujours au mot gardien.

– Va te renseigner vers le gardien Maurice quand on part en balade.

– Demande à gardienne Héloïse si on aura des tartinettes dégueu à quatre heures ou du choc.

– Va me chercher le ballon… Va me chercher le ballon… Va me chercher ce putain de ballon…

Les plus fragiles craquaient au bout d'une heure ou deux de piquet au bord du terrain. Ils pleuraient, ce qui les désignait infailliblement comme victimes pour de nouvelles séances d'humiliation.

Anélie et moi étions relativement épargnés. Nous étions aussi souvent ensemble que le permettait le règlement et c'était une protection. Affronter deux personnes présentait davantage de risques pour l'agresseur. Je crois aussi que Monique et Nicolas avaient propagé ma réputation de voyou au lance-pierre. Un grand garçon aux cheveux d'un roux flamboyant, Eugène Ratinom, avait déployé dès le troisième jour ses talents de brute. Il était accompagné de deux autres costauds. Trois regards illuminés de méchanceté. Eugène, après m'avoir envoyé valdinguer dans l'herbe d'un coup d'épaule, m'avait demandé :

– Alors, d'après ce que racontent les gardiens, il paraît que t'es un dur, Ylisse ? Tu comptes faire la loi au foyer ?

Ils avaient ri. Le rouquin précisa son rôle.

– La loi, ici, c'est moi Eugène Ratinom. À partir d'aujourd'hui, tu m'obéis sinon je cogne.

J'ignorais les mœurs du foyer et je conservais encore assez d'énergie et d'illusions pour me rebeller. Je m'étais relevé, avais dévisagé le trio en souriant. Une attitude qui suffisait parfois à déstabiliser les agresseurs. Un des costauds secondant Eugène avait demandé, en reniflant de mépris :

– Gardien Nicolas dit que t'es fortiche au lance-pierre.

Un reste d'orgueil mêlé à la réelle envie que j'avais de casser la gueule à ces trois malabars me conduisirent à débiter un énorme mensonge.

– Je me débrouille. Je ne rate jamais. J'ai crevé un œil à un type et si je veux, je pourrais recommencer. Un de vous trois borgne, ça ne me gênerait pas.

– T'as pas de lance-pierre, avait constaté le garçon, d'une voix moins ferme.

– J'ai décidé d'en fabriquer un bientôt, je le planquerai et personne ne m'enverra plus valdinguer sauf s'il veut devenir aveugle.

Anélie impressionna aussi les filles qui comptaient abuser de ses onze ans.

– File-moi ce truc que tu as autour de ton cou !

Une très grande et forte fille, qui expédiait au tapis n'importe qui – y compris les garçons – d'une simple poussée de la main contre la poitrine de sa victime. Elle frappait, aussi. Les gardiennes la craignaient. Elle devait être la première à disparaître du foyer, un jour de décembre.

– Elle est où, Rosette ? Elle a fugué ?

– Non. Elle est là où on la dressera, répondit gardienne Françoise, un vaste sourire éclairant son doux visage d'Indienne.

Anélie n'avait pas eu d'autre solution que de donner son pendentif à Rosette. Ce jour-là, alors que nous nous étions réfugiés une fois de plus sous l'abri des buissons, elle ne m'avait presque pas adressé la parole. Je la consolais comme je pouvais.

– Tu veux le mien ? On se le prêtera, un jour toi, un jour moi.

Ma ridicule suggestion l'avait déridée.

– Qu'est-ce que t'es con, Ylisse, quand tu t'en donnes la peine ! La pierre, elle est comme notre sang mélangé. Tu te souviens de ce qu'on a juré sous le frangipanier à Bourg-Calat ?

– Oui, mais on n'y peut rien, elle est trop forte pour nous même si on l'attaque tous les deux.

– On va se sauver d'ici, t'es d'accord, Ylisse ?

J'étais d'accord. On retournerait à Bourg-Calat. Chez mon père.

– Ma pierre, je te jure qu'elle ne la gardera pas longtemps, cette grosse vache.

Comment Anélie se procura-t-elle le grand couteau à pain qu'utilisait le cuisinier ? Le lendemain, le bras droit de Rosette s'ornait d'une estafilade sanglante et Anélie portait son pendentif.

Je supportais mal les nuits. Nous dormions dans un dortoir d'une quinzaine de lits. Certains sanglotaient sous les draps pour qu'on ne les entende pas, mais on les entendait. Il fallait craindre les deux vicieux qui, une fois les lumières éteintes, appelaient :

– Jean-Pierre, viens dans mon pieu.

Jean-Pierre obéissait. Il arrivait qu'une de ces deux ombres furtives se glisse jusqu'à votre lit. S'en débarrasser n'était pas si simple. J'échappais à ces peurs-là, probablement grâce à ma réputation de voyou au lance-pierre. Ou parce que Anélie était mon amie et que les garçons se souvenaient de l'histoire du couteau à pain.

Je n'osais pas lui demander si ces peurs nocturnes existaient dans le dortoir des filles. Elle les évoqua elle-même un jour de pluie, alors que nous reparlions de notre projet d'évasion.

Il pleuvait sans discontinuer depuis le matin. Des sacs d'eau. Nous sortions de l'école. Le minibus attendait au bout de la rue. Le chauffeur était nouveau. Nous étions groupés sous le préau, patientant jusqu'à ce qu'une accalmie nous permette de courir jusqu'au bus. Soudain, Anélie me prit la main. La serra très fort.

– On se sauve, Ylisse.

Comme d'habitude, je ne posai aucune question, ne marquai aucune hésitation : se sauver faisait partie de nos rêves quotidiens et si Anélie jugeait que le moment était venu, il l'était. Même sous la pluie. Un quart d'heure plus tard, le bus s'éloignait. Sans nous. Le chauffeur n'avait pas repéré notre absence. Les autres enfants se fichaient complètement de qui était ou n'était pas là. Les effectifs variaient chaque jour. Je me souviens que nous courions sous la pluie, dans les rues de Petit-Bassin.

– On va où, Anélie ?

– Je ne sais pas. Je m'en fous.

Trempés. Frigorifiés.

Nous nous sommes abrités sous l'auvent de tôle d'une épicerie. Nous claquions des dents malgré la lourde chaleur qui accompagnait la pluie.

– Un de mes oncles habite par là, annonça Anélie. On va chez lui.

– Tu connais son adresse ?

– Non. On cherchera.

Anélie se blottit contre moi.

– Cette nuit, peut-être que je n'aurais pas dormi au dortoir avec les autres.

Je me taisais. Parler pour parler, voilà ce que j'imaginais de la part d'Anélie. J'allais avoir bientôt treize ans, ce qui me conduisait à réfléchir, là, sous la pluie et à comprendre peu à peu que notre fugue ne mènerait nulle part. Je crevais de froid. Honteusement, j'espérais qu'une des rares voitures qui passaient nous prendrait et nous reconduirait au foyer.

Anélie fouilla son sac de classe. Tout était trempé. Un cahier hors d'usage. Un plumier plein d'eau. Elle prit une tablette de chocolat Suchard. Le papier la protégeant était en bouillie.

– Tu en veux ?

– Tu l'as eue où ?

Elle l'avait volée dans une des chambres des gardiens ? Anélie posa la tablette de chocolat sur mon sac, entre mes pieds et tira sur ses nattes afin d'en essorer l'eau.

– On mangera le chocolat pour prendre des forces et courir jusque chez mon oncle. Gardienne Monique me l'a donné. En échange, elle voulait que j'aille dormir avec elle dans son lit, cette nuit.

Anélie pleurait. Entre deux sanglots, elle dit :

– Tu la tueras, Ylisse, s'ils nous reprennent ? Jure-moi que tu la tueras.

– Je te le jure.

J'étais sincère. Nous savions très bien ce que signifiait, au foyer de l'Îlet-du-Port, « dormir avec quelqu'un ».

Ce n'est pas une voiture quelconque qui nous récupéra, mais tout simplement le minibus. Le chauffeur s'était aperçu que deux sièges demeuraient vides.

– Les amoureux dingos se sont barrés, avait avoué une fille.

Le chauffeur stoppa le bus, descendit, nous flanqua une paire de gifles, remonta derrière nous en braillant :

– Je vous collerai un de ces rapports aux fesses que vous n'êtes pas près de manger un dessert et serez de corvée de balayage pendant trois mois.

Deux autres évasions encore, durant ces six mois. Anélie ne me parlait plus de chocolat ou d'autres friandises, si rares et si recherchées, au foyer de l'Îlet-du-Port. Je ne lui demandais rien. Est-ce que je redoutais ses réponses ? En tout cas, c'est moi qui choisis de partir et je préparai nos fugues sans lui donner de détails. Fuir n'était pas si compliqué. Les jours sans école, nous étions plus ou moins livrés à nous-mêmes. Le portail demeurait fermé à clé, mais n'importe qui pouvait l'escalader. Trouer le grillage n'était pas plus difficile et cette solution s'avérait meilleure car elle mettait les fugueurs à l'abri des regards des gardiens alors que le portail était visible depuis les bâtiments.

– Demain, Anélie, tu te déclares malade et moi aussi.

Elle comprit aussitôt la signification de ce conseil. Rester au lit dans son dortoir ne présentait guère de difficulté. Il suffisait de se plaindre, la tête, le ventre, le dos, n'importe quelle douleur inventée faisait l'affaire. La veille, alors que la nuit me protégeait, j'avais saccagé un bon mètre carré de grillage, aidé par deux garçons, contre la promesse d'un argent que m'apporterait ma mère.

Quelle mère ?

Mon père ne venait jamais. Tante Sélisse fit le voyage une seule fois. On la découragea de recommencer. « Vous devez comprendre, madame Payet, que les visites de la famille compliquent la situation. » Anélie ne vit jamais personne.

Les gendarmes nous cueillirent sur la route à peine trois heures plus tard, lors de cette seconde évasion.

– On n'en peut plus de vous deux ! explosa gardienne Monique.

Elle me gifla pour la première fois. En échange, elle reçut de ma part un formidable coup de pied dans la jambe. Elle boita durant une semaine et son mollet s'orna d'un bleu dont elle se débarrassa difficilement. La directrice du foyer, Albertine Lebon, me convoqua dans son bureau.

– On ne pourra pas vous garder ainsi, ton amie et toi, si nous devons ameuter la gendarmerie à chacune de vos bêtises. Le personnel est à bout. Il va falloir que nous trouvions une solution.

Sa voix se fit murmure.

– Tu n'es pas bien ici, mon grand ? Pense à ton avenir, à plus tard. L'enfance ne dure pas éternellement, Dieu merci. Je sais que tu aimes beaucoup Anélie Rivière, alors assagis-toi au lieu de jouer les durs. Travaille à l'école, prépare-toi une belle situation et tu te marieras avec elle, vous aurez de beaux enfants, vous serez heureux et vous oublierez le sacrifice de ce foyer. Mon Dieu, comment faire...

À ma grande stupéfaction, elle se mit à pleurer.

– Va-t'en, maintenant, mon garçon.

Le prétexte d'une maladie nous frappant en même temps, Anélie et moi, ne fonctionnait plus aussi bien. Les gardiens se méfiaient. Pour notre troisième et ultime tentative, trouvant louches nos maux de ventre, ils nous enfermèrent dans *l'infirmerie*. Quatre lits dans une pièce peinte en blanc et rien d'autre. Gardienne Françoise passait nous voir toutes les deux heures. Des heures interminables malgré la pile de vieux numéros du *Pèlerin*, un journal sans intérêt sauf pour sa bande dessinée de Bibi Fricotin. Je les connaissais par cœur et d'ailleurs, les pages de Bibi Fricotin étaient souvent arrachées. Les numéros de *Kit Carson*, *Picsou Magazine* et de *Buck John*, que déposait parfois gardien Daniel, disparaissaient en moins de trois heures. Anélie lisait un roman dont je me rappelle encore le titre, malgré ces quarante-cinq années écoulées : *Les Compagnons de Wolfell*.

Elle faisait surtout semblant. Un livre trop gros pour son âge. Quand gardienne Françoise, après avoir vérifié que rien d'anormal ne se produisait, s'en allait en refermant la porte à clé, Anélie me disait : « Viens. » Nous nous glissions tout habillés dans un des lits. Blottis l'un contre l'autre. Elle claquait des dents, en dépit de la chaleur. Nous évoquions notre prochaine évasion. L'avenir qui nous attendait. Les histoires variaient. Ma préférée était celle d'un riche planteur de canne à sucre sans enfants décidant de nous adopter. Nous vivions libres et heureux dans une grande maison et à la fin, le planteur mourait en nous léguant sa fabuleuse fortune.

Après le repas de midi, je parvins à voler la clé de gardienne Françoise. Elle la chercha au moment de partir et comprit aussitôt.

– Donne, Ylisse !

Elle tendait la main. Je la saisis, lui tordis le bras, la fis tomber.

– Laisse-nous partir ou je te tue.

Elle me regardait de ses yeux bruns que la peur agrandissait. Elle restait étendue sur le carrelage, sans bouger, convaincue que je la frapperais. Si elle s'était relevée, m'avait giflé, j'aurais éclaté en sanglots. Une fois la porte fermée à clé, il nous fallut courir. Pas loin. Gardien Nicolas sortait du réfectoire. Il nous vit, hurla :

– Nom de Dieu, quelle connerie vous avez encore faite ?

– C'est foutu, dit Anélie. On ne recommencera pas, se sauver est impossible. D'abord, on est sur une île et on ne pourra jamais la quitter. Ils nous retrouveront toujours.

Elle cessa de courir. S'agenouilla dans l'herbe.

– Si on prie Sitarane, peut-être qu'il les fera tous mourir et on restera que tous les deux vivants sur l'île.

Gardien Nicolas ne nous accorda pas le temps de la prière.

– Y en a marre de vous deux ! Allez, hop, direction le bureau de madame Lebon !

Albertine Lebon pleura pendant tout l'entretien. L'entretien ? Elle parlait, mais ni Anélie ni moi n'avions droit à la parole. D'ailleurs, dire quoi ?

– Ça ne peut plus durer, mes petits, sanglota la directrice du foyer. On ne sait plus par quel bout vous prendre, mais ce qu'on sait, en revanche, c'est que si vous continuez à vous conduire de cette façon, vous finirez en prison. Moi, je refuse cet avenir-là pour vous.

Elle se leva de derrière son bureau. Elle mesurait à peine un mètre soixante, était en tout cas beaucoup moins grande que moi et tenait son corps d'anorexique tassé en boule. Elle me faisait penser à un ragondin de l'étang aux crapauds de Bourg-Calat. Elle reniflait, se mouchait, sanglotait, essuyait quelques larmes. Anélie me lorgnait. Ses lèvres se soudaient l'une à l'autre afin de contenir le fou rire qu'elle sentait arriver.

– Je ne veux pas que des enfants gâchent leur vie, reprit Mme Lebon et je suis décidée à faire votre bonheur malgré vous. Plus tard, vous me remercierez. Je dois vous protéger, coûte que coûte, c'est le rôle d'une directrice. J'ai réuni plusieurs fois l'équipe du foyer, à votre sujet, et je pense que nous avons enfin trouvé une solution.

Anélie inclina la tête et considéra ses pieds. Je l'imitai afin de ne pas être emporté, moi aussi, par ce fou rire qui nous menaçait. La directrice leva la main droite, comme si elle prévenait l'objection que nous pourrions faire.

– Oui, je sais comme tout le monde ici que vous êtes inséparables.

Elle sourit.

– Plus inséparables encore que ne le sont des frères et sœurs... enfin, je ne parle pas pour toi Ylisse qui n'a ni l'un ni l'autre, et hélas, Anélie a l'un et l'autre en quantité. On ne vous séparera pas, je vous le promets. Je compte sur vous, les enfants, pour faire honneur à l'île de Maloya. Montrez-leur, là-bas, ce que nous valons, ici. C'est décidé : tournons ensemble la page du foyer de l'Îlet-du-Port.

Son sourire s'effilocha. Un sanglot le remplaça.

– Vous me manquerez, les enfants. Allez, sortez, j'ai du travail.

Cinq jours plus tard, Anélie et moi grimpions pour la première fois (et la dernière) dans un avion, à l'aéroport de Saint-Pierre, la capitale de l'île.

Direction, la France.

Nous portions chacun une valise. La même. Ni elle ni moi ne savions ce qu'elle contenait. Anélie était vêtue d'une longue jupe plissée bleue, d'un corsage blanc, de chaussures noires vernies. Je portais un pantalon bleu, une chemise blanche, une cravate noire et des chaussures tout aussi vernies et brillantes.

Oui, je me souviens parfaitement de cette journée. Un ciel bleu. Une température élevée. Un soleil rutilant.

– On quitte l'île : tant mieux, dit Anélie.

Nous étions en février 1967. Anélie avait onze ans et moi treize.

9

2012

Les jours reprenaient leur banalité. Certes, Squalo & Cie avait progressé en rassemblant trois morceaux d'un puzzle, trois pièces qui semblaient plus ou moins s'emboîter, mais nous étions dans une impasse. Comment en sortir ? Aucune piste ne s'ouvrait. Sur une grande feuille que mon père avait clouée au mur à coups de marteau rageurs, nos trouvailles étaient écrites au feutre rouge. Elle était dans le salon, si bien qu'elle nous narguait chaque fois que nous entrions là.

   Fille assassinée, 13 ans ? 14 ans ? 15 ans ?
   Nègres 1967 Maloya
       Liens ?

– Ah non ! s'était emportée Mélinda, rayant le mot « nègres » jusqu'à ce qu'il devienne illisible, le remplaçant par « Noirs ».

Les sourcils de papa s'étaient froncés en position « Non, mais c'est quoi ce sabotage ? ».

– Tu imagines, mon chéri, si quelqu'un entre dans ce salon et lit ce mot inscrit sur nos murs ? Il nous prendra pour des racistes débiles.

Argument imparable que mon père para pourtant d'une remarque acide.

– Personne ne vient chez nous excepté le facteur, mais à ma connaissance il ne se balade pas dans la maison.

Le constat était assez juste, la dernière visite ayant été celle des gendarmes.

Le lendemain, « Nègres », mis entre parenthèses, réapparaissait à la suite de « Noirs ».

– Si on commence à se fermer les yeux et à se boucher les oreilles afin de ne plus se heurter à la connerie, inutile d'envisager une carrière de DP, avait plaidé Arthur. Nous devons avoir sous nos yeux le mot qu'employaient les fermiers. Le vocabulaire a son importance. Qu'en penses-tu, Bertille ?

J'étais d'accord. Future écrivain, je savais combien les mots ont de l'importance et que vouloir tricher pour plaire ou dissimuler la réalité ne menait qu'à un cul-de-sac littéraire.

N'empêche que Squalo & Cie était bel et bien parvenu à un cul-de-sac policier, « Noirs » ou « Nègres » écrits en lettres de sang ou pas.

Papa reprenait ses travaux, soupirant chaque fois qu'il traversait le salon. Il poussait ses brouettes, écoutant à fond dans la grange à la tombe ses ridicules musiques de presque quadragénaire pendant que j'écoutais à fond, dans ma chambre, mes musiques d'adolescentes que mon père trouvait ridicules. Je poursuivais aussi l'écriture de mon roman, je pianotais sur les touches du clavier de mon ordinateur et sur celles de mon portable. Plusieurs appels m'avaient permis de renouer avec Édouard. De reprendre le tennis.

– Tu te décides enfin à sortir de cette chambre ! s'extasiait Arthur quand il me voyait grimper sur mon scooter, ma raquette dans mon sac à dos.

Quand je rentrais à la maison des heures plus tard, la peau brunie par un soleil toujours aussi vif alors que lui, couvert de poussière, demeurait d'une pâleur de prisonnier, son enthousiasme déclinait.

– Merci Bertille pour ton aide qui fait progresser nos travaux d'une façon foudroyante.

Il se reprenait, conscient qu'un cabinet de DP ne fonctionnerait pas si ses membres se bagarraient.

– Tu as appris quelque chose de nouveau ?

Je haussais les épaules. Appris quoi ? En faisant quoi ? En interrogeant Édouard Marinier, entre deux sets de tennis ou pendant une séance de cinéma ? Nous allions parfois au cinéma, ou à la piscine couverte à Dijon, quand sa mère nous y conduisait, mais bon, je n'allais pas raconter à mon père qu'Édouard me suivait dans le vestiaire.

Sa déception me tourmentait. J'aurais tellement voulu l'aider. Ça me désolait de croiser le visage renfrogné d'Arthur, de lire sur ses lèvres boudeuses ce message silencieux : « Oui, je sais, je ne suis bon qu'à rafistoler une baraque. » Je n'étais que la deuxième roue de la voiture Squalo mais je rêvais de jouer un rôle capital.

Ni papa ni moi ne pensions à la roue de secours de Squalo & Cie et pourtant la lumière nous vint d'elle. De Mélinda.

C'était un mercredi, longtemps après le constat accablant que trois morceaux d'un puzzle ne donnaient aucune idée de la scène à recomposer. Papa travaillait dans la grange. Je pianotais sur le clavier de mon ordinateur après avoir tenté, en vain, de boucler le chapitre trois de mon roman. J'attendais avec impatience que la mère d'Édouard nous conduise à Dijon, ainsi qu'elle l'avait promis. Cinéma. Le titre du film m'importait peu, le seul scénario intéressant serait l'histoire qu'Édouard et moi écririons durant les deux heures d'obscurité. Mélinda, censée corriger des cahiers dans son bureau, ne s'était pas montrée depuis des heures. Soudain, j'entendis le tam-tam appelant au rassemblement. La propriété étant assez étendue, nous avions convenu que toute réunion du groupe de trois personnes, pour une information importante, pouvait se tenir après avoir frappé le cul d'une ancienne bassine à confiture en cuivre à l'aide d'une longue cuillère de bois. On obtenait de prodigieux « bong-bong », très semblables à ceux des gongs tibétains appelant à la prière. Qu'en pensaient les autres habitants du Val Brûlé ? Les lieux du rendez-vous étaient le salon ou la cuisine.

– La cuisine, décréta Arthur, j'ai besoin d'un caoua.

Il s'y précipita, traversant le salon à grandes enjambées nerveuses qui semaient sur le tapis une poussière de plâtre. Mélinda serrait contre sa poitrine une chemise de carton rose dans laquelle elle rassemblait habituellement les dessins de ses élèves. Je pris place sur une chaise, papa en fit autant après avoir branché la cafetière, toujours prête à lui délivrer sa drogue, mais maman resta debout, son dossier toujours tenu à la façon d'Harpagon transportant sa cassette d'or. Un sourire narquois errait sur ses lèvres. Ses cheveux libérés dégringolaient sur ses fines épaules qu'un T-shirt trop large ne parvenait pas à couvrir. L'absence du sévère chignon de l'institutrice en mission m'avertit que ma mère préparait un gros coup. Je désignai la chemise cartonnée d'un index vibrant d'impatience.

– Il y a quoi là-dedans ? À mon avis, pas les gribouillis de tes élèves. Je parie qu'il s'agit de la documentation concernant le voyage en Californie que tu nous promets pour fêter la fin des travaux dans la maison !

En parlant, je jetai un coup d'œil ironique à papa. Il ne terminerait jamais quoi que ce soit : après la grange, il y aurait la piscine et après la piscine, il s'inventerait d'autres travaux.

– Mieux que ça ! s'exclama maman d'une voix triomphante, en posant délicatement le dossier rose sur la table.

La cafetière renifla plusieurs fois, signe que le café était prêt.

– Sers-toi une double dose de caoua, mon chéri, dit Mélinda, en dénouant le ruban rose qui fermait le carton à dessins. Tu auras besoin d'un stock de caféine pour donner du sens à ma trouvaille.

Elle écarta les pans du dossier. À l'intérieur, il y avait des feuilles rectangulaires d'un papier épais, d'un blanc sale.

– C'est quoi ces trucs, maman ?

Mélinda avait posé sa main droite sur les feuilles, nous interdisant ainsi de les prendre. Son sourire s'élargissait si vite qu'il menaçait de lui manger les oreilles.

– Devinez, mes loulous ? À mon humble avis, Squalo & Cie hérite d'un troisième enquêteur. Bibi.

Les ongles de son autre main picoraient sa poitrine de petites frappes enthousiastes alors qu'elle répétait : « Oui, bibi ! » Elle retourna les feuillets cartonnés d'un mouvement lent et théâtral de la main.

– Des photos ! s'exclama Arthur.

Il se tenait en bout de table, trop loin pour voir ce qu'elles représentaient. J'étais plus près.

– Des photos de classe !

– Oui, ma puce ! jubila Mélinda. Je vous explique. Nous disposons de deux nombres.

– Deux nombres ?

– Patiente un peu, ma chérie. Deux nombres, oui : un assassinat qui date approximativement d'une cinquantaine d'années et la date 1967, année au cours de laquelle les fermiers du Val Brûlé... Elle poussa son menton en avant, dans ma direction, et poursuivit : Heu... les « nègres » de Bertille que les fermiers selon elle, en 1967, souhaitaient employer. Nous avions une adolescente morte chez nous aux alentours de 1967. J'ai donc fouillé les archives du groupe scolaire Carnot de Sponge où je travaille.

J'avais déjà tout compris ou presque, mais pas Arthur qui s'étonna :

– L'école ? Les archives ? Et alors ?

– La fille assassinée dans cette ferme allait à l'école à Sponge puisqu'il n'y en a jamais eu au Val Brûlé et qu'il n'en existe pas d'autres dans les environs. Le groupe scolaire Carnot existait bien, lui, dans les années 1960. J'ai eu la chance de tomber sur des archives très bien tenues par la directrice de l'époque, une certaine Irène Fuselier, hélas décédée.

– Et alors ? insista Arthur, sur un ton où une certaine irritation se mêlait à l'impatience.

– Ben papa, active tes neurones. Maman a déniché les photos des classes de l'école, à l'époque qui nous intéresse et je parierais mon scooter qu'elles nous apprendront quelque chose, vu la tête de maman.

– Ah bon, maugréa Arthur. Et quoi, selon vous ?

Il rapprocha sa chaise du dossier rose ouvert. Je vins me placer à côté de Mélinda. Trois têtes Squalo s'inclinèrent au-dessus de trois photos que Mélinda considérait d'un regard aussi ébloui que s'il s'agissait de la caverne d'Ali Baba. Papa et moi attendions la formule magique, le « Sésame ouvre-toi » qui ouvrirait le mystère.

– J'ai découvert quelque chose qui me semble bizarre, expliqua Mélinda. Après avoir éliminé les photos des années 1960 à 1966... elles ne représentaient rien qui attirait l'attention... j'ai repéré et retenu ces trois clichés-là, des photos de 1967, 1968, 1969.

Elle les écarta l'une de l'autre, les étala en éventail. Les trois photos étaient à peu près identiques, à première vue. Une dizaine de tables d'école anciennes, à deux places, disposées les unes derrière les autres. Deux enfants assis par table, soit une vingtaine d'écoliers, pas davantage. Sous les photos, des inscriptions imprimées :

1967 – CM1 et CM2 – École Carnot – Madame Dorimont.

1968 – CM2 – École Carnot – Madame Dorimont.

1969 – CM2 – École Carnot – Madame Dorimont.

Plus je m'arrachais les yeux à fouiller ces photos, moins je comprenais ce qui pouvait être bizarre dans ces clichés vieillots, en noir et blanc, montrant des enfants plutôt sinistres – aucun ne souriait – assis raides sur leur banc, tous vêtus de la même affreuse blouse. Je caressai du bout des doigts la première photo – 1967 – comme si son grain râpeux allait me dévoiler les secrets de maman.

– Maman, tu nous dis pourquoi ces photos de classes auraient selon toi un rapport avec le crâne de la grange où papa et moi on doit se mettre à genoux et te supplier ?

– Ouais, j'approuve Bertille des deux mains ! râla Arthur, tout en raflant sa seconde tasse de café remplie à ras bord.

– Elles ont un rapport et pas qu'un peu ! triompha Mélinda. Je vous explique. Regardez attentivement. Quelles différences voyez-vous entre chaque cliché ?

– Bof, fit papa. Les gosses changent d'une photo à l'autre, du moins on dirait vu la qualité photographique minable de tes trouvailles. Certains gosses se retrouvent sur les trois photos.

– Et toi, Bertille ?

– Il y a une table vide en 1967, une seule place vide en 1968 et plus de place vide en 1969.

– Bingo, ma chérie ! Tu devrais donner des cours d'observation au grand manitou de Squalo & Cie.

– Oh, ça va l'intello ! grinça papa, en palpant nerveusement son anneau d'oreille.

Mélinda rit avant de poursuivre :

– Une table est vide en 1967 : les deux absents s'appellent Roger et Hélène, okay ?

Okay. Les prénoms des élèves figuraient sur un carton déposé sur les tables, et le carton était là même si la table était vide, l'institutrice montrant ainsi la place de chaque enfant dans sa classe.

– En 1968, continua maman, il n'y a plus qu'une place vide, celle d'Hélène, le nom de Roger a disparu. Hélène est dans la classe de CM2 de madame Dorimont, elle est encore absente le jour de la photo et Roger, son compagnon de table de 1967 n'est plus dans cette classe. Curieux, non, ces absences répétées d'Hélène, le jour de la photo, qui s'ajoutent à l'absence des deux élèves en 1967 ?

— Mais personne n'est absent en 1969, nota mon père. Aucune table vide... et les noms d'Hélène et Roger n'apparaissent plus.

— C'est assez logique, remarqua pensivement Mélinda. Roger et Hélène ont quitté l'école primaire en 1969. Ils entrent au collège ou arrêtent leurs études. D'ailleurs, en 1968, la seule absence de Roger sur la photo peut provenir aussi de là : ce garçon est parti en sixième, au collège, pas Hélène. On peut imaginer aussi qu'ils aient déménagé, Roger en 1968, Hélène en 1969. Mais l'essentiel, le troublant selon moi est cette absence répétée d'Hélène sur la photo en 1967 et 1968.

— Bof, pourquoi troublant ? réagit papa.

Il me poussa de l'épaule, m'incitant ainsi à joindre un commentaire dubitatif au sien. Squalo & Cie unis dans le doute contre le troisième « homme » plus malin. Je fis mon possible.

— De toute façon, quel rapport entre cette Hélène qui manque sur une photo en 1967 et 1968 et le crâne de la grange ? En plus, les gendarmes déclarent que la fille assassinée avait environ entre treize et quinze ans. On n'est pas en CM2 à treize ans.

— Sauf si on est très en retard, nota maman. Par exemple, si on est étranger, parlant à peine le français et qu'on vient d'arriver en France. À cette époque, on pouvait traîner à l'école primaire en cas de gros retard scolaire. Qui plus est, le brigadier Esposito a précisé que cet âge de quatorze ans était approximatif, ça pouvait être moins ou plus. Peu importe d'ailleurs l'âge précis, car il y a gros à parier que cette Hélène...

Mélinda s'interrompit. Son excitation s'était envolée. Ses paroles se teintaient de tristesse. Elle s'éclaircit la gorge et reprit :

— Il y a gros à parier que cette Hélène soit le cadavre enterré dans notre grange.

Papa et moi, à l'unisson :

— Pourquoi ?

— À cause de ça, dit Mélinda, en retournant lentement les trois photos de classes.

À l'arrière, une écriture appliquée d'institutrice, celle de Mme Dorimont probablement, listait les élèves de la classe photographiée. À côté de chaque prénom figurait un âge et un nom de commune. Maman positionna l'index de sa main droite sur une des lignes du cliché pris en 1967 et en même temps que nous découvrions l'information, le champ visuel de nos yeux absorbait les indications notées en dessous.

Roger – 13 ans – Le Val Brûlé

Hélène – 11 ans – Le Val Brûlé

Papa et moi étions stupéfaits.

— Merde ! gronda Arthur entre ses dents.

Maman continuait à commenter, sans se préoccuper de nos réactions. Elle semblait suivre un raisonnement et, en même temps, chercher à se convaincre qu'il tenait debout.

– Les enfants fréquentant le groupe scolaire Carnot ne provenaient à l'époque que de trois endroits : Sponge, évidemment, Le Val Brûlé et Pagny-le-Sec, deux hameaux sans école.

Son doigt se déplaça jusqu'à la photographie datée de 1968.

Hélène – 12 ans – Le Val Brûlé.

– Merde ! redit papa.

Puis l'index rampa vers 1969.

– Plus d'enfant venant du Val Brûlé en 1969, constata Mélinda. Si je compte bien, Hélène a treize ans en 1969, en gros l'âge auquel est assassinée la fille au pendentif de notre grange.

– Merde de merde de merde !

Ni maman, ni moi, ni même papa ne prêtèrent une attention quelconque à ce chapelet d'injures. Un énorme silence étouffait la pièce. L'évidence flottait dans la cuisine : Hélène avait terminé sa vie ici, chez nous. Ce crâne trouvé sous les dalles de la grange portait maintenant un nom – Hélène – et c'était horrible. Pour moi, ce prénom donnait une réalité à cette fille, réalité qu'elle n'avait pas avant. Une pièce supplémentaire du puzzle était en notre possession.

– Hélène...

– Pardon, Bertille, tu as dit quoi ? demanda maman.

Je mis mes mains sur mon visage, fermai les yeux à m'en faire mal, les rouvris et dis :

– Il faut absolument reconstituer l'histoire d'Hélène. Je crois que je ne pourrai pas vivre au Val Brûlé si je ne sais pas pourquoi Hélène est morte et qui est responsable.

Arthur s'ébroua, exactement comme un chien qui sort de l'eau. Il entoura l'épaule de Mélinda de son bras musclé de maçon plutôt que de détective privé.

– Bravo, ma chérie ! Tu as joué un joli coup et je suis d'accord avec toi : Squalo & Cie s'enrichit d'un troisième membre et c'est le plus talentueux de l'équipe.

Il soupira, déposa un baiser léger dans le cou de Mélinda puis ajouta :

– Dommage que l'institutrice de ces classes, cette madame Dorimont, soit probablement décédée. La dernière photo date de 1969, il y a quarante-trois ans.

– Elle n'est pas morte ! s'écria maman.

Je serrai un poing, l'agitai comme une démente sous le nez de Mélinda en braillant un « *yes !* » dont maman, en temps normal, aurait souligné la vulgarité et dis :

– Comment tu le sais ? Tu es certaine ?

– J'ai interrogé mes collègues, fouillé les archives, retrouvé l'ancien directeur, avant celui d'aujourd'hui, qui est en retraite. Sa mémoire flanche un peu, mais tous les renseignements récupérés concordent : madame Dorimont n'est pas décédée. Elle doit avoir près de quatre-vingt-dix ans aujourd'hui.

– Aïe ! geignit papa.

– Et nul ne sait où elle habite, termina ma mère. Évidemment, si nous la retrouvions, ce serait l'idéal.

– À condition que son cerveau soit en état, ironisa Arthur.

Mélinda le poussa du plat de la main et répliqua avec sévérité :

– Les cerveaux des institutrices fonctionnent parfaitement bien jusqu'à la fin, mon chéri. Prépare-toi à supporter le mien pendant encore un bout de temps.

Les lèvres de maman, roses et humides, clapotèrent comme si elle toussotait.

– Oui, si nous retrouvions cette très vieille dame, une grande partie de l'énigme du crâne de la grange serait probablement résolue.

10

1967-1969

La terre s'ouvrait sous nous.

L'avion. Je me souviens à peine de l'aéroport de Saint-Claude et du voyage en avion. Anélie et moi étions assis à l'arrière, tout au fond, oui de ça je me souviens. La peur nous tordait le ventre. Pas de larmes. Presque pas un mot échangé : en tout cas, je ne me souviens d'aucun. Je tenais la main d'Anélie et pas seulement lorsque l'avion traversait des zones de turbulences.

Une personne nous accompagnait. Ma mémoire l'a effacée. Un homme ? Une femme ? Je ne sais plus.

Le voyage m'a semblé court. L'avion s'est posé une première fois, mais je ne sais pas où. Une escale. Nous avons redécollé et atterri encore.

Paris.

Léa, ma chérie, j'écris « Paris » parce que je sais que les avions reliant l'île de Maloya à la France atterrissaient à Paris, mais Anélie et moi n'avons rien vu de Paris. On ne nous a rien dit, rien expliqué, rien proposé d'autre que de la nourriture et de l'eau.

Mon premier souvenir est le froid, à Paris, à la descente de l'avion. J'ai cru mourir. Je venais du soleil et maintenant je marchais dans la neige afin de rejoindre un bus. Je grelottais. Claquais des dents. Cette expression, qui paraît si exagérée, ne l'est pas : elle décrit parfaitement notre état à Anélie et moi. Nous claquions vraiment des dents, de froid, de peur. De honte.

Oui, Léa, de honte. J'explique difficilement le pourquoi de ce sentiment de honte. Je me sentais considéré et traité comme un animal, capturé là où il vivait, emprisonné, emmené dans un zoo inconnu. Cette sensation, que je parviens si mal à comprendre et à traduire, provenait peut-être aussi de la présence autour de nous uniquement de peaux blanches. Nous étions les seuls enfants noirs. On nous regardait. Et... comme c'est étrange de se souvenir de ça... je me souviens d'avoir entendu la remarque d'une passagère croisée dans un hall : « Tu as vu, Pierre, comme ils sont mignons ces deux petits Noirs. »

Ma mémoire se recompose peu à peu à partir de ces instants-là. Une voiture nous attendait. Grande, confortable, chaude. La personne qui nous accompagnait dans l'avion n'était plus là. Un couple la remplaçait. Marie et Joseph ! Si, Léa, c'est vrai, je n'invente pas ! D'ailleurs, peut-être est-ce l'ironie de ces deux noms qui explique que je me souviens d'eux. Marie nous a embrassés. Réconfortés.

Elle était assise à l'arrière, entre Anélie et moi, et Joseph conduisait. Elle nous tenait par le cou. Souriait. Riait aussi. Parlait beaucoup. Joseph parlait autant. La voiture sentait bon, une odeur de pomme mûre. C'était Marie qui dégageait ce parfum. Son corps contre le mien était chaud. Il faisait nuit. Où allions-nous ? On nous l'a probablement dit alors que nous roulions, mais je ne me souviens plus de cette annonce. La voiture fonçait dans la nuit, nous emportant vers un effrayant inconnu. J'ai envie d'écrire que la nuit nous avalait. C'était comme si nous disparaissions à jamais.

Anélie et moi, nous nous sommes endormis. Combien de temps a duré ce voyage ? Je l'ignore, mais j'ai calculé, en gros, avant d'écrire ce récit. Paris-Ladret, petite ville de Haute-Marne, soit quatre cents kilomètres. En 1967, il n'existait qu'un tronçon d'autoroute que notre voiture ne prit pas, se contentant des routes nationales ou départementales. Le voyage a donc dû durer au moins sept heures !

– Réveille-toi, Ylisse, nous sommes à la maison.

Je me souviens, ma chérie, qu'on me secouait. Et je me souviens de la phrase que prononçait Marie : « Nous sommes à la maison. » Il faisait jour. Quelques flocons de neige. Nous étions au foyer de la DDASS, à Ladret, dans ce département de Haute-Marne dont j'ignorais évidemment l'existence. J'ignorais aussi la réalité de la neige et du froid glacial. Que la nature pouvait exister sans faire pousser de la canne à sucre, des frangipaniers, des bananiers et secréter à la place de sombres forêts, de terrifiants champs bruns. Que les seuls bruits qui surgiraient de cette campagne de France seraient les meuglements des vaches et les cris rauques des corbeaux.

Mais Marie nous secouait et répétait, jusqu'à notre réveil complet :

– Votre cauchemar est terminé, les enfants. Nous sommes enfin à la maison.

Léa, je n'écrirai rien ou presque sur ces quelques semaines vécues au foyer de l'enfance, à Ladret. D'abord, parce que le temps presse et si je me mets à raconter, il me faudra des dizaines de pages. Je ne dispose pas de ce temps d'écriture et n'ai d'ailleurs plus l'énergie que nécessiterait ce travail. Puis, comment décrire et faire comprendre ce qu'ont été ces dizaines de jours à des personnes installées dans le bonheur d'une vie sans accroc ? Rébecca, ta maman, sait un certain nombre de choses. Pas tout. Elle te racontera peut-être ce que j'ai consenti à lui dire, quand ses questions devenaient trop pressantes. Je ne le souhaite pas, mais je ne pourrai pas l'empêcher. Je préférerais que tu demeures dans l'ignorance.

Nous pensions, Anélie et moi, que le foyer de l'Îlet-du-Port était ce qui existait de plus horrible.

Nous nous trompions.

Oh, à Ladret, personne ne nous frappait. Nous mangions à notre faim et même au-delà. Nous étions plutôt bien habillés. Mais nous étions les deux nègres. Les deux singes. Les deux négros. Les deux chocolat. Anélie était appelée Blanche-Neige. Nous étions les seuls Noirs du foyer. Une curiosité. Le personnel ne fit jamais grand-chose pour empêcher les insultes. Les premières semaines, les pensionnaires du foyer nous considérèrent et nous traitèrent comme si nous étions les animaux exotiques d'un zoo.

On venait nous voir.

Nous toucher.

– Montre tes mains.

Nos paumes de mains semblaient fasciner.

– Putain, c'est rose comme le cul d'un singe.

– Ta bite, elle est de quelle couleur ?

– Et tes nichons, Anélie, ils sont comment ? Blanche-Neige, tu nous les montres ?

Les adultes s'efforçaient d'être gentils et ils l'étaient, le plus souvent. En mots. Des mots derrière lesquels n'existait aucune trace d'amour. Marie et Joseph ne restèrent qu'une semaine à Ladret.

Je me battais. Cognais méchamment. En amochais quelques-uns, mais quelques-uns m'amochaient aussi. Monsieur Frédéric, un des employés, me montra mon dossier.

Garçon violent. Peut se montrer dangereux dans certaines situations. Est capable du pire. À surveiller attentivement et ne rien laisser passer.

Certains mots étaient soulignés en rouge. « Dangereux » était entouré de trois traits rouges.

– Je me sauverai avec Anélie et on ne reviendra jamais ici. Si on nous y oblige, on se noiera tous les deux dans la rivière.

– Ben tiens ! avait rigolé monsieur Frédéric.

Il avait tort. Nous avions fait le serment, juré-craché si on ment on ira direct en enfer, que jamais, non jamais si nous parvenions à nous évader, on ne remettrait les pieds au foyer. Un serment scellé par des baisers. J'embrassais pour la première fois Anélie sur ses lèvres, ma langue se glissant en elle, et j'avais trouvé qu'elle sentait le zan.

– Normal, Ylisse, j'en suce. Tu en veux ?

Je voyais peu Anélie. Les filles et les garçons étaient séparés, sauf au réfectoire, à l'école et à l'église. À l'école, nous étions dans la même classe.

– Beaucoup de retard, vous deux, constatait notre instituteur, mais nous allons remédier à ça parce que vous êtes loin d'être bêtes.

Je me sentais pourtant « bête ». Les autres enfants, plus jeunes, plus petits, m'irritaient. Je les bousculais, les frappais parfois, comme si je les rendais responsables de l'humiliation qu'il y avait à être dans leur classe.

Au foyer, j'avais demandé à être avec Anélie. Un responsable, monsieur Angevin (nous appelions nos gardiens « monsieur Untel, madame Unetelle), après m'avoir ri au nez, s'était énervé parce que j'insistais.

– Ce n'est pas toi qui commandes à Ladret, mon petit gars. J'ignore comment ça se passait sur ton île à la noix de coco, mais ici, chez nous, c'est niet.

Il m'avait lorgné de derrière son bureau métallique couvert de papiers et avait ricané.

– Tu ne voudrais pas non plus dormir dans son lit, pendant que tu y es ?

– Si.

Je l'avais bluffé. Sidéré. Un regard exprimant une grande lassitude, puis :

– Ton dossier pèse des tonnes, Ylisse ! J'ai la nette impression qu'il est mérité, mais on trouvera une solution qui t'enlèvera de la mauvaise pente sur laquelle tu glisses. C'est quoi ce machin autour de ton cou ? Anélie a le même. Tu devrais l'enlever. Ce n'est pas un truc de garçon. Si tu le gardes, tes copains t'en feront baver.

Je l'ai gardé, Léa, ainsi qu'Anélie, et ceux qui se sont moqués ou ont voulu nous prendre notre porte-bonheur l'ont regretté.

À la messe, Anélie était près de moi. Elle communiait. Moi aussi. Elle me poussait à le faire.

– Il n'y a que Jésus qui peut nous tirer de là.

Le troisième dimanche, alors que nous étions agenouillés dans le chœur de l'église, attendant que le prêtre dépose l'hostie sur nos langues tendues, Anélie se pencha vers moi et murmura :

– J'ai réfléchi. On ne pourra jamais se sauver. On est en France, on ne sait même pas où, on ne connaît personne, il fait froid. Elle avait repris sa respiration avant de poursuivre : Prie quand tu suces l'hostie, il n'y a que Jésus qui nous reste pour nous délivrer.

Anélie se trompait. Il existait une solution plus sérieuse que l'intervention divine. Je l'appris de Gaspard, un des rares résidents du foyer avec lequel j'avais des relations autres que mes poings ou des injures. Il ne s'agissait pourtant pas d'amitié. Je l'intriguais. Un Noir, rebelle qui plus est. Je crois qu'Anélie lui plaisait aussi. J'éprouvais une sorte d'admiration muette pour ce garçon de plus d'un mètre quatre-vingts, bâti comme un catcheur, qui aurait pu expédier au tapis n'importe qui – y compris le personnel masculin du foyer – et qui s'exprimait d'une voix douce, ne frappait ni ne menaçait personne, et acceptait même les pires insultes sans broncher.

– La semaine prochaine, je me tire d'ici, m'annonça Gaspard, en me donnant sa part de tartinette La Vache qui Rit.

– Tu te sauves ?

– T'es con, Ylisse, personne peut se sauver de là, on te reprend toujours. On m'adopte. Des instituteurs veulent bien de moi. Pourvu qu'ils ne me gavent pas d'école.

– T'adopter ?

– Ben oui. C'est la seule solution pour se tirer de ce bordel. Une famille t'adopte si la tienne t'a abandonné ou alors tu te fais placer en famille d'accueil, des gens qui te gardent chez eux contre des ronds et du coup, tu ne reviens plus jamais à Ladret, sauf si tu fais une grosse connerie.

Gaspard avait jeté son pain sec des « quatre-heures » dans la haie qui recueillait tellement de quignons balancés, de Vache qui Rit, de sacs de bonbons vides, de papier, qu'elle ressemblait plutôt à une décharge publique qu'à un décor végétal.

– Moi, avait poursuivi Gaspard, il est hors de question que je fasse des conneries. Le couple qui me prend, il m'a sur le dos jusqu'à ma majorité. De toute façon, si on m'enlève d'ici, je préférerais me pendre que d'être remis à la DDASS.

J'étais entièrement d'accord avec ça.

Je m'apprêtais à demander des précisions, mais Gaspard se gratta furieusement la joue qui s'ombrait déjà d'un début de barbe alors qu'il n'avait que treize ans, comme moi. Il grimaça en prenant un air embarrassé.

– Ouais, mais la tuile c'est que pour toi et Anélie ça ne marchera jamais, vu que vous êtes des négros. Personne ne voudra vous prendre.

Je demeurai stoïque. L'habitude. Je fis un clin d'œil, dis à Gaspard :

– On ne sait jamais. Peut-être qu'on essaiera.

Gaspard soupira de dégoût et cracha. Nous étions assis sur un des bancs de béton semés autour du parc. C'était en mai ou juin, je ne me souviens plus très bien des dates. Gaspard se leva et dit :

– Non, Anélie et toi ça ne marchera pas. Ils sont trop cons dans le coin, ils ont peur des négros parce qu'ils n'en voient presque jamais. Ils se disent que vous allez les découper en morceaux et les faire cuire dans une marmite, comme dans *Tintin au Congo*.

Il s'éloigna et se retourna après quelques pas.

– Il me reste sept jours ici. Je te filerai mes Vache qui Rit et mon chocolat des quatre-heures.

Notre placement en famille d'accueil se prépara et eut lieu à la fin de l'année 1967. Après les révélations de Gaspard et son départ, nous avions pris notre décision. Nous étions entrés tous les deux dans le bureau de monsieur Louis, sans prendre de rendez-vous et sans en avoir l'autorisation. On ne disait que « monsieur Louis », sans utiliser son nom pourtant affiché sur la porte : Louis Clodion. Entre nous, nous l'appelions aussi « Clo-Clo ». Il était le sous-directeur du foyer de Ladret. Un homme petit, timide, effacé, qui traversait la cour de récréation en baissant la tête et fuyant nos regards. Il nous semblait plutôt gentil.

– Vous voulez quoi, les enfants ? sursauta monsieur Louis, quand il nous vit franchir la porte de son bureau, sans même avoir frappé avant d'entrer.

Il plia le journal qu'il lisait, aussi vite que si nous l'avions surpris à feuilleter une revue cochonne. Nous avions décidé qu'Anélie parlerait. Ses immenses yeux verts humides feraient merveille sur le gentil Clo-Clo. Ils seraient en tout cas plus efficaces que mon tempérament explosif qui nous conduirait au désastre. Elle prit ma main – nous avions aussi répété les gestes – et dit :

– Ylisse et moi, nous voulons partir dans une famille d'accueil. Comme ça, on sera les deux ensemble pour toujours. On travaillera bien à l'école, on sera gentils, on aimera notre nouvelle famille, on...

Je crois qu'Anélie a parlé ainsi sans s'interrompre pendant au moins deux minutes, sans que Clo-Clo, effaré, sidéré par son culot monstre, sa détermination, ne songe à lui dire de se taire. Elle se blottissait contre moi, tassée sous mon épaule, à la façon d'un poussin se réchauffant sous les plumes de sa mère poule. Quand elle se tut enfin, à bout d'arguments, Clo-Clo parvint à sourire.

– Ça ne se passe pas aussi facilement que ça, mes petits. Enfin... bon... oui, le scénario que vous proposez se produit parfois, mais...

– C'est bien arrivé à Gaspard Delaunay, intervint Anélie.

– Certes... certes... mais son cas était examiné depuis longtemps. En outre, Gaspard est costaud, donc travailler dans une ferme ne posait aucun problème.

Monsieur Louis toussota, la main en écran devant sa bouche, et changea de sujet.

– La procédure administrative fait que rien n'est simple ou facile. Je ne suis pas certain qu'une famille d'accueil conviendrait, dans votre cas.

– Nous aussi on pourrait travailler dans une ferme, coupa Anélie. On ne veut plus rester ici.

Elle n'avait plus ses nattes de Bourg-Calat. Trop long et trop compliqué de tresser des cheveux. Elle les laissait libres. Un flot sombre qu'elle balança autour de sa tête, en un mouvement énergique de pendule, durant les cinq minutes pendant lesquelles elle expliqua qu'elle ne voulait plus vivre au foyer. À la fin, elle éclata en sanglots.

– Pleure pas, ma choupette, s'émut Clo-Clo, tu es plus mignonne sans les larmes.

Il n'en menait pas large. C'est moi qui portai l'estocade, profitant de sa fragilité, en parlant pour la première fois :

– Si on ne nous place pas ensemble dans une famille d'accueil, on se sauvera d'ici comme on l'a fait à l'Îlet-du-Port et on recommencera sans arrêt.

Monsieur Louis ouvrit grand la bouche. Il connaissait par cœur notre dossier.

– Ou on se tuera tous les deux, comme Roméo et Juliette, compléta Anélie, qui avait lu cette histoire et qui avait décidé de l'évoquer au moment opportun.

– Ah ben... ah ben... bredouilla monsieur Louis, pourquoi tu dis de pareilles horreurs, Anélie... ah ben je t'interdis de... ah ben qu'est-ce qui se passe dans vos têtes, les enfants ?

Il se leva, contourna son bureau.

– Attendez-moi ici dix minutes et, je vous en supplie, ne bougez pas et pour une fois, ne faites pas les idiots.

Il ouvrit la porte communiquant avec le bureau de sa secrétaire, lequel communiquait avec le bureau du directeur. Il la referma, nous abandonnant Anélie et moi, et je me demandais avec angoisse quelle serait l'addition à payer pour notre culot. Elle essuya ses larmes à l'aide d'un pan de sa jupe, déclara :

– On va gagner, Ylisse.

Elle tira son pendentif de dessous son corsage de coton bleu et je fis la même chose. Selon notre rituel chaque fois que nous nous retrouvions, les pierres vertes qui nous reliaient à Bourg-Calat, à notre enfance sur l'île de Maloya, se cognèrent l'une contre l'autre, produisant un son clair de cristal choqué. Des bruits de voix nous parvenaient de la pièce d'à côté. Ils duraient. Je me souviens, Léa, que ce qui se disait dans le bureau de la secrétaire ne m'intéressait pas plus que ça. Je m'intéressais au paquet de Gitanes qui traînait sur le bureau de monsieur Louis. Les cigarettes s'échangeaient à prix d'or, avec les grands. Puis, un stylo m'avait tenté.

– Clo-Clo s'en apercevra, m'avait prévenu Anélie.

– Je m'en fous. Ils chercheront à se débarrasser d'un voleur. Toi aussi, pique quelque chose.

Elle avait ri sans m'obéir et avait dit :

– Mais qu'est-ce qu'ils fabriquent ? J'ai envie de faire pipi.

Soudain, je la vis appuyer sur la poignée de la porte de communication. Lentement. Sans bruit. Elle l'entrouvrit d'un ou deux centimètres, assez pour que les voix soient nettes. Anélie m'impressionnait. Je ne prêtais pas attention, au début, à ce qui se disait, me contentant de surveiller Anélie, collée à la porte. J'hésitais entre le fou rire et la peur que monsieur Louis nous découvre en train de l'espionner.

Le volume des voix augmenta. Plusieurs voix, quatre ou cinq. Elles n'étaient pas d'accord entre elles.

– On a une solution, ce qui me paraît être une bonne solution, déclara une des voix, alors pourquoi la rejeter parce que le vocabulaire nous choque ? C'est stupide. Un mot n'est qu'un mot, il n'y a pas de quoi dramatiser.

– Ils seront bien là-bas, dans cette famille de paysans. La campagne, le bon air, une nourriture abondante et variée, personne dans les environs ou presque, donc des ennuis en moins à redouter. Ici, ils filent un mauvais coton.

– Oui, et ça nous retombera dessus, si on ne propose pas une solution. On peut s'attendre à de graves pépins avec eux.

– Ylisse est un gamin violent. Il le sera de plus en plus en grandissant et je crains qu'il ne soit capable du pire, alors à mon avis…

Je n'entendis pas la fin de la phrase. Je bouillais de rage. Je me retenais d'entrer, de saccager le bureau de la secrétaire. De frapper. Anélie posa l'index de sa main droite au travers de ses lèvres, me donnant ainsi l'ordre d'écouter.

– C'est vrai que leur dossier est désastreux. Là-bas, la violence d'Ylisse ne pourrait pas s'exercer sur grand-chose. En plus, ces deux enfants seraient utiles et très occupés : l'école, les travaux de la ferme. Oui, une bonne vie saine, encadrée par une famille d'accueil simple, disposant d'une grande maison, d'un grand terrain, la nature tout autour…

Il y eut une sorte de flou. Des murmures confus suivis de voix à nouveau fortes mais qui s'exprimaient toutes en même temps. Enfin, après quelques secondes de silence, je reconnus la voix de Clo-Clo.

– Bon, je me range à vos avis. Je sais que monsieur le directeur penche depuis longtemps de votre côté et pense à cette solution. Pourtant, je persiste à dire qu'une famille qui réclame des nègres... bon Bieu, des nègres... Monsieur Louis toussota. Reprit : Bon Dieu, comment se faire à ça... une famille qui dit : « On veut bien prendre un ou deux enfants nègres s'il y en a, puisqu'il paraît que c'est possible. »

Deux semaines plus tard, Anélie et moi étions conduits dans le hameau du Val Brûlé, à une centaine de kilomètres de Ladret. Rose et Henri Dumoulin devenaient notre famille d'accueil.

11

2012

Retrouver Mme Dorimont, institutrice à l'école Carnot, en 1967 et 1968, nous semblait aussi impossible que de repérer une aiguille dans une botte de foin, comme on dit.

– Peut-être que par Internet, on aurait une chance.

J'annonçai cette possible solution sans vraiment y croire, même si j'étais plutôt douée derrière un clavier d'ordinateur et Édouard encore plus que moi. Je demanderais son aide. L'idée de pianoter ensemble ne me déplaisait pas.

– Pourquoi ne pas essayer, Bertille, m'encouragea maman, très gentiment puisqu'elle ignorait tout de l'informatique, son opinion était tranchée : « Ces engins, ordinateurs, téléphones portables, télévisions, jeux vidéo, au lieu de rendre les utilisateurs intelligents, les transforment en crétins qui remplacent leur cerveau par des yeux hagards.

– Merci maman !

– Heu… je ne dis pas ça d'une façon globale, ma chérie. Toi, ce n'est pas pareil. »

Ce qui n'empêchait pas Mélinda de me fusiller du regard dès que je dépassais la demi-heure devant un écran. Autant dire qu'elle me fusillait du regard plusieurs fois par jour.

Arthur bougonna : « L'ordinateur…l'ordinateur… » Ses épaules s'agitaient. Il tritura son anneau d'oreille avant de livrer le verdict du chef de Squalo & Cie.

– Bertille, moi je veux bien. Cependant, l'institutrice est vieille, très vieille. Mélinda nous affirme que selon ses collègues, ses dossiers, ses recherches…

Il s'interrompit, renifla et lorgna Mélinda d'une façon qui signifiait clairement « Oui, bon, ta maman nous en met plein la vue », puis il poursuivit sa démonstration :

– Bref, selon toute probabilité, madame Dorimont navigue autour de sa quatre-vingt-dixième année. Tu penses qu'une vieille dame de quatre-vingt-dix ans consulte un ordinateur ?

Un large sourire balaya son visage. Arthur pointa un index vers maman.

– Moi, j'en doute dans la mesure où une institutrice de quarante ans comme ta mère, disposant pourtant de neurones en pleine forme, se montre incapable de quoi que ce soit avec les techniques modernes de communication, avec les appareils modernes de notre époque. Donc, à mon avis…

Mélinda le coupa d'une remarqua acidulée accompagnée d'un sourire au vinaigre :

– N'exagère pas, mon chéri. Je parviens fort bien à utiliser une machine à laver pour entretenir tes vêtements et notre cuisinière électrique te mijote quelques plats devant lesquels je ne te vois jamais faire la grimace.

Ils en restèrent là et moi, j'en restai là aussi de ma proposition de recherche sur Internet.

Du surplace durant plusieurs jours. J'étais découragée. Le temps était magnifique. Je sortais de temps en temps avec Édouard qui oubliait de plus en plus Agathe, me disant même alors que je prenais perfidement des nouvelles de cette rivale :

– Laisse tomber, c'est une conne et en plus elle joue comme un pied au tennis.

Je me sentais inutile. Maman travaillait dans son école. Papa travaillait dans sa grange. Édouard travaillait dans son lycée. Moi, je m'enfermais dans ma chambre ou me baladais en scooter. Nous étions en juin. Édouard n'irait plus au lycée dans quelques jours, mais le voir plus souvent ne suffirait pas à regonfler mon moral. Je ne servais à rien, voilà ce que me serinait mon cerveau dans mes périodes de déprime.

– Bosse avec moi dans la grange ! rétorquait Arthur quand j'avouais mon spleen.

Servir à rien, peut-être, mais mon découragement n'allait pas jusqu'à dépenser plus d'une heure de mon temps à pousser des brouettes remplies de gravats. En outre, chaque fois que j'entrais dans la grange, mon regard accrochait l'emplacement de *la tombe*. Je touchais le poli de l'olivine qui se balançait entre mes seins. L'émotion m'étreignait. Je pensais à Hélène, cette fille inconnue de treize ou quatorze ans, dont il ne restait plus qu'un crâne et qui était abandonnée du monde entier depuis une cinquantaine d'années. Ainsi, un être humain pouvait donc disparaître sans que nul ne s'en préoccupe ?

Je refusais que Squalo & Cie l'abandonne à son tour.

Pour fêter son premier jour de vacances d'été – le 10 juin ! Le lycée fermait pour cause d'examen du bac à préparer –, Édouard me proposa d'aller à la nouvelle piscine olympique de Dijon, un impressionnant bassin de cinquante mètres de long et, à ce qu'il me semblait, aussi large qu'un fleuve. Sa mère nous y déposa, déclarant qu'elle nous récupérerait à sa sortie du travail. Édouard Marinier, tout Marinier qu'il fût de nom, nageait aussi mal qu'un pingouin. Ses brasses laborieuses le traînaient péniblement d'une extrémité à l'autre du bassin, alors que pendant ce temps mon crawl de championne olympique m'autorisait à accomplir un aller-retour.

Ce n'était pas mon crawl qui l'attirait à la piscine, mais mon minuscule deux-pièces noir qui soulignait mon bronzage. Je n'étais pas davantage dupe d'ailleurs de son attente de retour dans les vestiaires qu'il espérait bondés. « Une cabine suffit, Bertille », diraient ses yeux aussi brillants qu'un feu d'artifice réussi du 14 Juillet.

J'étais rarement d'accord, compte tenu de l'exiguïté d'un vestiaire et du voisinage, les deux enlevant tout romantisme à la découverte du corps humain.

Ce jour-là, Édouard était assis à côté de moi, sur un des gradins entourant le bassin. Pas mal ce garçon, peut-être pas aussi beau qu'Alex... non, Hugo... ou alors Gabin... c'était tellement difficile de se rappeler les prénoms de tous ces garçons qui me tournaient autour, quand j'étais au lycée. Édouard portait un splendide maillot de bain rouge. Il mesurait plus d'un mètre quatre-vingts, était plutôt bien bâti, oh rien d'excessif genre musculation en salle de gym, mais sa peau était si blanche qu'on aurait dit la croûte d'un fromage au lait cru. De beaux cheveux couleur caramel, du moins ce qui en restait, parce qu'il était difficile de les couper plus court. J'aimais bien : ça me changeait du scalp à la Geronimo de mon père.

Finalement, après deux heures de nage, de gradins, de Coca-Cola vomis par les distributeurs, de commentaires sur le physique des surveillantes et surveillants de baignade, on s'ennuyait un peu. Devinant que le moment du vestiaire approchait, je pris les devants en proposant un dérivatif.

– La fille assassinée chez nous s'appelait Hélène.

Édouard continua à fixer le vernis noir de mes ongles de pieds. Il semblait fasciné.

– Ah bon. Quelle fille ?

– Édouard !

Mon rappel à l'ordre, très sec, le tira de son rôle excessif d'amoureux transi ne pensant qu'à une séance de strip-tease dans un vestiaire. Il connaissait l'histoire du crâne de la grange.

– D'accord, Bertille, excuse-moi, je pensais à autre chose. Tu parles du squelette de chez vous ? Comment sais-tu son nom ?

– Les photos de classe.

– Ah bon. Heu... pourquoi tu peins tes ongles en noir ? C'est un peu triste des pieds noirs, non ?

– Ce que je dis ne t'intéresse pas ? Tu te fous de ma conversation ?

– D'accord, parle-moi des photos de classe. Un squelette en classe, on va sûrement rire.

Indécrottable Édouard qui faisait le malin mais qui ne le fit plus du tout quand j'eus fini de raconter l'histoire des photos. Il émit un sifflement admiratif et constata :

– Ta mère est salement futée ! Il fallait penser à remonter le temps grâce à des photos prises en classe. J'ai l'impression...

Son regard inquiet me jaugea et décida qu'il pouvait se lancer.

– J'ai l'impression que l'association avec ton père, pour créer une agence de détectives privés, fonctionne moyen-moyen. À mon avis, Squalo & Cie devrait embaucher rapidos Mélinda Squalo comme agent spécial.

Son ironie me laissa de marbre. Je pensais à Hélène et dis à voix haute le fruit de mes réflexions :

– Roger est probablement le frère d'Hélène. J'ai la trouille que lui aussi soit mort, assassiné comme sa sœur. Le Val Brûlé est grand et ce n'était pas la place qui manquait pour dissimuler une autre tombe. Même dans notre maison ce serait possible.

– T'es vachement gaie, aujourd'hui, Bertille ! Tes ongles noirs, je comprends mieux maintenant. Tirons-nous de cette piscine, cette flotte verte te déprime. On se voit un film et je préviens ma mère qu'elle nous récupère devant le Gaumont. Allez, en route pour le vestiaire.

Si Mélinda était futée, je n'étais pas totalement idiote.

– Je te vois venir, Édouard !

Ses fossettes se colorèrent d'un peu de rouge.

– Alors, tu es d'accord ?

– Je serais surtout d'accord pour imaginer un moyen qui nous permettrait de retrouver l'institutrice d'Hélène et Roger, en classe de CM2. Comment faire ? Nous ne connaissons que le nom de leur école.

– Je pourrais demander à mon arrière-grand-mère si elle a une idée. Elle a été institutrice à Sponge, à l'école Carnot.

Je faillis avaler ma langue.

– Ton arrière-grand-mère était institutrice à Carnot, là où est ma mère ? Mais alors, peut-être qu'elle se rappelle… qu'elle saurait des trucs ? Quel bol j'aurais si sa mémoire est encore bonne. Elle habite où ?

Je tremblais d'excitation. Bertille s'apprêtait à marquer un point. Édouard se rembrunit. Ses lèvres avalèrent le sourire. Une grimace lui retroussa le nez.

– À la maison de retraite de Sponge. Ma mère n'avait pas d'autre solution que de la placer là-bas : ma grande-mamie a quatre-vingt-douze ans, elle est presque aveugle, elle ne pouvait plus vivre seule chez elle.

Son regard se voila.

– Mais c'est moche de vieillir. Grande-mamie a toute sa tête, mais plus ses yeux et ses yeux étaient sa vie. Perdre la vue était la plus grande catastrophe qui pouvait lui arriver. Elle lisait du matin au soir, la lecture était ce qui l'accrochait encore à la vie.

Édouard ne s'aperçut pas que je me taisais et fermais les yeux. Je respirais au ralenti. Une minuscule et silencieuse voix me parlait, émettait une supposition si incroyable qu'aussitôt elle la repoussait : « C'est impossible, ce serait si formidable... si... si... c'est possible... c'est elle, je le sens... non... tu es dingue de penser ça. » J'ouvris les yeux et posai ma question d'une voix ferme. Soudain, j'étais certaine de la réponse. La chance venait de poser son doigt sur moi.

– Ton arrière-grand-mère ne s'appellerait pas Dorimont ?

– Si, répondit Édouard. Rita Dorimont.

La maison de retraite n'était pas un endroit agréable. Je savais ce que vieillir signifiait, mais les regards éteints qui nous accueillirent, papa et moi, dès le hall, me glacèrent d'effroi. Je comprenais mieux, maintenant, le refus d'Édouard de nous accompagner.

– Je ne suis allé là-bas qu'une seule fois et ça suffit, m'avait prévenu Édouard. Je préfère embrasser ma grande-mamie le dimanche quand elle déjeune à la maison.

Arthur avait retenu la leçon de sa précédente visite. Il portait un jean propre, une belle chemisette bleue, de vraies chaussures et, pour faire bon poids, il s'était lavé les cheveux, les abandonnant libres sur la nuque plutôt que noués à la mode Apache. En m'installant dans la Clio, j'avais dit :

– Tu es super beau, papa.

Mon compliment l'avait fait bougonner.

– Ouais ! Fringué comme ça, je ressemble à un épouvantail à moineaux qui se rendrait à la messe du dimanche.

Mélinda l'avait embrassé, longuement, ses yeux brillants d'espoir délivrant un message évident : « Squalo, mon héros, je t'en supplie, gagne ce round-là. »

Édouard avait préparé le terrain. Téléphoné à la directrice de la maison de retraite car là-bas, tout le monde se méfiait dorénavant d'un grand type à catogan ayant pénétré, quasi par effraction, dans cet *hôtel du troisième âge*, dénomination douteuse figurant sur la façade de l'établissement. Édouard avait aussi téléphoné à son arrière-grand-mère.

– Une amie et son père veulent te rencontrer. Elle s'appelle Bertille.

– Ta bonne amie ? avait demandé la vieille dame. Fais attention, mon petit, à l'aimer autant que si elle était la dernière fille que tu devais rencontrer pendant ta vie.

Rita Dorimont habitait la chambre 24, au deuxième étage. Une pièce pas très grande mais lumineuse, peinte d'un jaune ensoleillé. Un lit, des meubles et au fond, dans un coin, un fauteuil de velours vert rassemblant ce qui restait d'une femme ayant vécu quatre-vingt-douze ans. Un corps minuscule, presque réduit aux os, surmonté d'une figure aussi ridée qu'une figue mais fendue d'un sourire qui se déployait jusqu'aux oreilles.

– Alors, te voilà, Bertille, dit Mme Dorimont. Comme il y a un homme avec toi, je suppose qu'il s'agit de ton père. Arthur, c'est ça ?

– Bonjour, madame. Oui, madame, c'est ça.

Presque aveugle, avait prévenu Édouard. On s'en rendait immédiatement compte. Le regard de la vieille dame se dirigeait vers nous, mais la tête bougeait sans cesse, comme si elle n'était pas très sûre de repérer l'endroit où nous étions.

– Bonjour, madame... oui, madame... Embrasse-moi plutôt que ces politesses. J'aimerais mieux, surtout si tu es la petite amie de mon Doudou, parce que des bisous on en manque quand on est ici. La tête pivota un peu, puis : Vous, le papa, ce n'est pas interdit non plus de m'embrasser. Ça n'engage en rien d'embrasser les dames de mon âge, vous ne croyez pas ?

Arthur claqua deux bises sonores sur ses joues fripées. Il retenait son envie de rire et m'adressa un clin d'œil complice. Rita Dorimont lui plaisait. À moi aussi. Je me demandais si mes grands-mères avaient eu le temps de vieillir, si elles auraient ressemblé à Rita Dorimont. Je l'embrassai à mon tour. Ses joues sentaient la lavande.

– Asseyez-vous sur mon lit, c'est le seul endroit confortable, ordonna la vieille dame. Alors, comme ça, mon Doudou dit que je dois vous parler de l'école d'autrefois ? C'est vrai qu'aujourd'hui, à en juger par ce que j'entends à la radio, les gamins ne savent même plus lire ni compter.

– En fait, coupa Arthur, peu désireux de se laisser entraîner dans un discours sur les mérites de l'école, nous voudrions vous ramener longtemps en arrière, entre 1960 et 1970.

J'intervins avant que mon père ne s'enlise. Autant être francs et aller droit au but en résumant l'essentiel. Je racontai la découverte du crâne de la grange, puis comment maman avait eu l'idée des photos de classes, en trouvant plusieurs portant le nom de l'institutrice. Que nous étions parvenus à la conclusion que la fille qui nous hantait s'appelait probablement Hélène. La vieille dame m'écoutait, sa bouche grande ouverte libérant une respiration sifflante d'asthmatique. Quand j'eus terminé mon bref récit, elle lissa sa jupe sur ses jambes maigres et commenta :

– Mon Dieu que cette histoire est excitante ! Et moi, je pourrais tenir un rôle, là-dedans ? Ce serait merveilleux.

Arthur me jeta un coup d'œil et prit le relais.

– Sur les photos, deux élèves manquent en 1967 : Hélène et Roger. En 1968, il ne manque plus qu'Hélène, le nom de Roger ne figure plus. En 1969, la classe est complète, pas de table vide. Nous obtenons donc la quasi-certitude que la fille de notre grange est cette Hélène de la photographie des classes de CM1-CM2. Hélène et Roger, élèves à cette époque : ces noms vous diraient quelque chose ? Bien sûr, tout ça est très loin, mais vous n'auriez ne serait-ce qu'un vague souvenir de ces deux enfants qui habitaient le Val Brûlé, ce serait formidable pour nous.

Rita Dorimont se pencha vers l'avant, comme si elle voulait nous confier un secret que d'autres pourraient entendre.

– Oh que oui je me souviens de ces deux-là.

Je ne pus retenir un cri de stupéfaction.

– Mais oui, Bertille et si je m'en souviens, ce n'est pas seulement parce que ma mémoire fonctionne mieux que mon corps. À ma place, tout le monde se souviendrait.

– Pourquoi, mamie ?

Mamie. Le mot m'avait échappé. Rita sourit.

– Appelle-moi comme ça, j'aime bien. Ces deux enfants ne s'appelaient pas Hélène et Roger.

– Merde ! s'exclama papa, déçu de parvenir une nouvelle fois dans un cul-de-sac.

Rita fit semblant de ne pas entendre.

– Ils s'appelaient Anélie et Ylisse, très exactement d'ailleurs Anélie Rivière et Ylisse Payet, mais personne n'utilisait ces prénoms qui figuraient dans les dossiers. C'était Hélène Dumoulin et Roger Dumoulin, pour tout le monde, alors qu'ils n'étaient pas frère et sœur.

Je penchai moi aussi la tête vers Rita, l'approchant si près que je sentais le parfum de son eau de lavande.

– Je ne comprends plus rien, mamie. Hélène ou Anélie ? Personne ne porte des prénoms et des noms qui changent selon l'envie.

Rita Dorimont émit un maigre sourire qui écarta à peine ses lèvres teintées d'un soupçon de rouge.

– Oh, ça...

Elle soupira.

– Ils étaient noirs, deux enfants noirs venus de l'île de Maloya.

Papa me poussa du coude, marmonna : « Bingo, Bertille. »

– Oui, poursuivit l'institutrice et c'est une raison qui explique que je me souviens d'eux. Je n'avais jamais eu d'enfants noirs dans mes classes et à Sponge, je crois bien qu'à l'époque, personne n'avait vu de Noirs avant l'arrivée de ces deux gosses. Elle haussa ses épaules décharnées, dit entre ses dents : La bêtise... la bêtise à front de taureau... Beaucoup disait « les nègres de l'école, les négros... ». Ils étaient placés chez des fermiers du Val Brûlé, ceux qui possédaient votre maison, leur famille d'accueil. Madame et monsieur Dumoulin. C'est eux qui ont débaptisé les deux gosses pour leur donner ces prénoms plus... plus...

– Plus blancs et français, ricana Arthur. Des prénoms moins beaux mais plus hypocrites, qui feraient moins exotiques.

– Pas joli joli, ça non, concéda Rita Dorimont. La première année, ces deux enfants en ont bavé.

– Pourquoi ils ne sont pas sur les photos de classes, mamie ?

– Des Noirs, Bertille ! Je n'en ai pas cru mes yeux, mes pauvres yeux que je perds de jour en jour. Des parents… oui, des parents d'élèves, des gens bien sous tous rapports apparemment, qui se sont mis à vociférer : « Pas de Noirs sur les photos de classe avec nos enfants, déjà qu'être obligés de les accepter dans notre école est un énorme sacrifice… »

– Bordel, gémit Arthur.

– Pour une fois, je vous autorise à jurer chez moi, cher monsieur Arthur, parce que cette attitude répugnante des parents ne vaut pas mieux qu'un juron. Elle releva la tête, l'orienta du côté de mon père et dit : Mais moi, l'institutrice, je n'ai guère valu mieux. Au lieu de me rebiffer, j'ai accepté la proposition de la directrice de l'école Carnot qui ne voulait pas de scandale et donc Anélie et Ylisse…

Un temps d'hésitation.

– Et donc, Anélie et Ylisse ont été chassés de la photo de classe grâce à ma lâcheté.

La voix flanchait. Les larmes du regret et de la culpabilité n'étaient pas loin. J'intervins avant qu'elle n'y succombe :

– Pourquoi sur la photo prise en 1968, il ne manque qu'un élève, Roger… heu, Ylisse. Le nom d'Anélie… Hélène… figure, avec écrit à l'arrière la mention *Val Brûlé*, mais Roger a disparu.

– Il était parti au collège. Je me souviens… Ces deux gamins étaient trop âgés pour être dans ma classe. Ils avaient certes de grosses difficultés scolaires, mais de là à les mettre en CM2… La fille est restée deux ans avec moi, le garçon seulement un an. Au final, les deux ont intégré le collège de Sponge, à des dates différentes. Ils étaient doublement moqués : les négros et les nuls. Les parents râlaient : le niveau de la classe, selon eux, souffrait de leur présence. Ils ralentissaient les progrès de leurs chérubins ! C'est fou comme les parents imaginent toujours que leur gosse est la septième merveille du monde.

– Et la famille d'accueil, coupa mon père, avant que la discussion ne dérape sur le procès des parents. Que savez-vous sur elle ? Mais peut-être ne vous souvenez-vous pas de madame et monsieur Dumoulin ?

Rita Dorimont égrena un rire aigrelet, presque joyeux.

– Monsieur Arthur, vous ne m'écoutez pas correctement. J'ai précisé que mon cerveau fonctionnait. Bien sûr que je me souviens de certaines choses.

L'institutrice hésita. Elle fronça ses sourcils clairsemés, comme si elle fouillait sa mémoire, puis se frotta les joues avant de parler :

– Rose et Henri Dumoulin. Je ne les ai jamais rencontrés. Ils ne se sont jamais préoccupés des résultats scolaires des enfants.

– Mais alors, mamie, pourquoi malgré ces quarante-cinq ans écoulés vous vous souvenez d'eux au point de vous rappeler leur nom et prénom ?

– Leur réputation était détestable. Tu sais, petite, nous sommes à la campagne et les rumeurs circulent à grande vitesse ici.

– Que disaient les rumeurs ? demanda Arthur.

– Ces fermiers étaient durs, égoïstes. On racontait qu'ils avaient pris des Noirs à la DDASS uniquement pour toucher l'argent qu'on versait aux familles d'accueil. Les deux gosses étaient assez mal habillés. Mais l'argent de la DDASS n'était pas leur seule motivation. Les enfants trimaient à la ferme quand il n'y avait pas école et même parfois quand il y avait école. Ils ne venaient pas durant deux jours, voire une semaine à l'époque des foins. Pas un mot d'explication de la part des Dumoulin. On les disait aussi avares.

Rita haussa les épaules avant de poursuivre.

– Je ne devrais pas faire la maligne. J'accomplissais mon travail d'institutrice, ne pensais qu'à lui et je ne m'occupais pas de ce qui se passait hors de ma classe. Elle soupira bruyamment : Bon, c'était comme ça à l'époque.

Il y eut un silence. Nous pensions tous les trois à Hélène et Roger.

– Mamie.

– Oui, ma grande.

– On sait ce qui est arrivé à Hélène, mais Roger... Ylisse, on ne sait pas. Vous vous souvenez d'eux ? Ils étaient comment ?

Rita Dorimont plaqua ses mains sur son visage.

– Comment ils étaient, ma chérie ? Aïe. Là, mes souvenirs s'estompent. Je crois... Il me semble qu'ils étaient des élèves effacés, qui cherchaient à se faire oublier. Le garçon surtout. Oui, mes souvenirs sont plus nets si j'évoque Roger.

– Pourquoi ? fit mon père.

– Il avait mauvaise réputation. Son dossier était lourd. Il traînait derrière lui une réputation de gamin violent, à surveiller, capable d'agressions... Oui, oui, je me souviens que la directrice m'avait mise en garde, me demandant de faire attention au gamin, de ne rien laisser passer. En réalité, non, il ne bougeait pas plus qu'un autre. Simplement, il se tenait à l'écart, avec Hélène, un peu butés tous les deux, se réfugiant sous un marronnier pendant les récréations, toujours le plus loin possible des autres.

– C'est normal si on les traitait de négros.

– Oui, Bertille, quoique, au bout de quelques semaines, on ne faisait plus autant attention à eux. Ce qui est sûr, c'est que les deux enfants n'ont pas voulu non plus s'intégrer à la classe. Puis, il y a eu cette histoire, pour laquelle vous venez me voir.

– Quelle histoire ? demanda Arthur, comme s'il avait oublié le meurtre d'Anélie et ne savait plus pour quelle raison il interrogeait l'ancienne institutrice.

– La soudaine disparition des deux enfants. Ils ne fréquentaient plus l'école Carnot depuis longtemps, ils étaient au collège de Sponge. Je les avais perdus de vue. Ils ont cessé d'aller au collège du jour au lendemain, ce qui n'a pas chagriné grand-monde, jusqu'au jour où les gendarmes sont venus voir la directrice de Carnot. J'étais présente.

– Et alors ? fit avidement mon père.

– Alors… alors rien. Les gendarmes nous ont dit qu'ils interrogeaient tout le monde, une enquête de routine, mais que les deux gosses avaient fugué. On les retrouverait un jour ou l'autre et quand ce serait fait, ils retourneraient au foyer de la DDASS jusqu'à leur majorité. Puis, on a oublié Hélène et Roger, voilà tout. Personne n'en a plus jamais parlé.

Rita ferma les yeux. Quelques larmes coulaient. Elle murmura :

– Ce n'étaient que deux enfants noirs venus d'une île qui n'intéressait pas grand-monde. À Sponge, on a parlé un peu de la fugue de Roger et Hélène, oh pas longtemps, le temps d'épuiser le plaisir de colporter de nouvelles rumeurs, de nouvelles histoires à dormir debout. Il en existait une particulièrement abominable.

– Laquelle, mamie ?

Rita Dorimont fit claquer son dentier. Ses yeux morts se tournèrent vers la fenêtre par laquelle pénétrait une lumière vive. Elle parla en regardant le soleil, à travers les vitres, ce soleil qu'elle voyait à peine mais qui pourtant lui délivrait encore le goût de la vie.

– L'horreur, Bertille. Les hommes aiment parfois colporter l'horreur, comme si ainsi ils se rassuraient sur leur propre santé mentale. La rumeur racontait que les fermiers avaient dû assassiner les deux enfants pour je ne sais trop quelle sordide raison et se débarrasser des corps dans la forêt proche. Mon Dieu, je crains que pour Anélie, cette atroce rumeur ne soit vérifiée.

12

1967-1969

Une fois encore, nous sommes arrivés de nuit, là où Anélie et moi devions vivre environ deux ans. Il devait être écrit quelque part, sur ce livre mystérieux qui contient l'existence de chaque être humain, dès le jour de sa naissance, que la nuit nous effacerait quand nous devenions trop encombrants.

Je t'écrirai peu de choses, Léa ma chérie, sur ces deux années, à la fois si longues et si courtes, dans cette ferme du Val Brûlé où Rose et Henri Dumoulin devenaient notre famille d'accueil. Rébecca connaît bien cette période de mon adolescence. Je lui en ai raconté souvent des épisodes, même si j'en ai dissimulé aussi plusieurs. La plupart d'entre eux sont assez ternes et seule la fin, l'odieuse et horrible fin, mérite qu'on s'y attarde, même si ça ne sert plus à rien, maintenant, de se lamenter. Elle est écrite dans ce fameux livre de la vie et personne ne pourra jamais la gommer.

J'y viendrai en temps utile, ma Léa, pourvu que Dieu m'accorde le temps de terminer ce récit.

Le Val Brûlé était un hameau composé de cinq fermes perdues au milieu des forêts et des champs. La ferme du couple qui nous *prenait* à la DDASS était la plus pauvre. Elle avait connu une période de prospérité, mais Rose et Henri Dumoulin dépassaient la soixantaine. Ils étaient trop vieux pour assurer à eux seuls les travaux d'une ferme. Ils se contentaient de trois vaches laitières, d'un élevage de poules et de lapins et ne cultivaient plus que cinq ou six hectares de céréales. Ils n'avaient qu'un enfant – une fille qui jouera un grand rôle dans ma vie et dont je te parlerai plus tard – mais elle habitait à Brest, avait quitté le Val Brûlé depuis vingt ans et n'y revenait presque jamais. Oui Léa, Rose et Henri Dumoulin voulaient des *nègres*, ainsi que nous l'avions entendu. Ils nous le confirmèrent, sans prendre de gants, dès le lendemain de notre arrivée, alors qu'Anélie et moi venions de passer notre première nuit dans la *chambre* préparée par Rose à l'intérieur de la grange. Elle se trouvait en haut, sous le toit. On y grimpait par une échelle. Deux lits. Une armoire bancale. C'est tout.

– On verra à vous installer mieux plus tard quand on sera habitués à vous, avait grogné Henri.

Il tint parole quatre mois plus tard. Anélie et moi aurions chacun notre chambre, à chaque bout d'un long couloir, dans la « grande maison » qui servait d'habitation, face au bâtiment de la grange. De vraies et belles chambres, et pourtant nous regrettions la grange.

C'était donc notre premier déjeuner dans la cuisine bien chaude, grâce à la cuisinière à bois sur laquelle trônait la cafetière toute la journée. Durant la nuit, nous avions cru mourir de froid, l'air glacé s'infiltrant sous les tuiles de la grange.

C'était, je crois, en novembre 1967.

Nous buvions notre café au lait. Un énorme bol accompagné d'épaisses tartines couvertes de confiture. La radio fonctionnait. Rose et Henri, habillés comme la veille, nous observaient. Nous étions vêtus des pyjamas épais, trois fois trop grands, dont nous avions hérité, après que Rose eut déclaré : « Ben, je vous donne ce qu'on a pour le moment. » Le couple de fermiers semblait stupéfait de nous découvrir dans leur cuisine et même apeuré.

– Faut manger, les p'tiots, déclara Rose. À la campagne, faut manger, surtout pendant les froids, si on veut pouvoir travailler. Vous verrez que le travail, au Val, c'est pas ça qui manque, même qu'on y arrive plus.

– Ben, c'est pour ça qu'on vous prend, confia Henri, vu qu'on nous a dit que les nègres sont des bosseurs.

– Henri !

– Ben quoi ? Ah, parce que j'ai dit « nègre » ? Bon, c'est qu'un mot qui veut rien dire qu'une couleur. Alors, comme il paraît que vous êtes trop nombreux sur votre île, des quantités à venir chez nous et qu'on rend service en vous prenant, Rose et moi on s'est dit que ça nous rendrait un fier service aussi d'avoir de l'aide, alors on en a profité et on vous a pris à la ferme.

– C'est pas les quatre sous qu'on nous donne, faut pas croire, précisa Rose. Non, pas du tout l'argent qui fera jamais bouillir assez la marmite, mais au Val on est sacrément abandonnés du monde entier et si on veut pas mourir sans que ça fasse ni chaud ni froid à quelqu'un, ben on doit se débrouiller comme on peut. Vous allez voir, mes p'tiots, comme le bon air et la bonne nourriture vous forciront. En échange, vous nous donnerez un coup de main.

Henri était une armoire à glace, raison pour laquelle nous nous perdions dans ses pyjamas. Rose, au contraire, était aussi menue qu'une souris. Un couple bizarre.

– On vous a pris les deux, poursuivit Henri, impitoyable, parce qu'il paraît que vous êtes inséparables, mais toi tu nous aurais suffi.

« Toi », c'était moi. Une bascule du menton dans ma direction me désignait. Le regard de M. Dumoulin m'évitait. Je faisais peur au fermier.

– L'écoute pas, p'tiote, corrigea Rose, faut toujours qu'il ouvre sa grande bouche pour des prunes. Moi, je voulais une gamine, alors si tu es au Val, c'est parce que...

Elle cessa subitement de parler. Le silence s'installa. Nous ne mangions plus. J'avais un peu plus de treize ans, Anélie un peu plus de onze, nous étions perdus, affolés, avec deux inconnus hostiles en face de nous, sans autres enfants dans les environs, comme au foyer, et loin d'une quelconque agitation humaine qui nous aurait rassurés. Durant ces premières semaines, le silence et la solitude qui imprégnaient le Val Brûlé nous pétrifièrent d'angoisse.

– Il paraît que tu n'es pas commode, dit soudain Henri, alors que Rose déversait d'autorité une nouvelle couche de confiture sur nos tartines abandonnées près de nos bols.

Il s'adressait encore à moi. Je me souviens qu'à ce moment-là, parce que je devinais qu'Anélie allait pleurer, j'ai eu envie de lui jeter mon bol de café au lait à la figure. De frapper. Sa remarque m'encourageait. Puisque j'étais censé n'être pas commode, ma réputation me commandait de défendre Anélie. Pourtant, je me contentai de jouer un rôle de méchant, armant mon visage de toute la haine dont j'étais capable. Je dévisageai Henri puis Rose, les obligeant ainsi à se tortiller d'embarras sur leur chaise et je dis :

– Si vous touchez Anélie, je vous tue. Si vous me touchez, je vous tue. Après, on se sauvera.

À ma grande surprise, mes paroles provoquèrent les rires de Rose et Henri Dumoulin. Ils ne me prenaient pas au sérieux – avec raison – mais, comme c'était à peu près les premiers mots que je prononçais depuis notre arrivée, ils les considéraient comme étant une marque de bonne volonté.

– Moi aussi je vous tuerai, appuya Anélie.

Après quoi, elle éclata en sanglots. Et je me mis à pleurer à mon tour. Les rires des fermiers s'arrêtèrent. Le silence revint. Ils attendirent la fin de nos larmes, sans prononcer un mot ni faire le moindre geste. Puis :

– On tâchera quand même d'en sortir vivants Rose et moi, vous croyez pas ? bougonna Henri. Maintenant, mangez, parce que le travail attend, qu'il ne se fera pas tout seul et comme la semaine prochaine vous irez à l'école...

Il ne termina pas sa phrase. Les phrases incomplètes étaient une spécialité de notre famille d'accueil.

Henri Dumoulin cogna la table de son poing et répéta : « Mangez, maintenant. » Nous avons obéi, dévorant notre petit déjeuner sous les regards anxieux du couple. Quand ce fut terminé, Rose dit :

– Ben voilà une bonne chose de faite, comme les choses doivent se faire chez des êtres humains qui se respectent.

– Et une autre nous attend sans qu'on perde trop de temps, intervint Henri, en rassemblant nos bols vides et les couverts sales. Anélie et Ylisse...

Il serrait la vaisselle contre son torse et se taisait. Immobilité complète. Il toussa, semblant attendre l'aide de sa femme. Qui ne vint pas. Il se décida, se dirigea vers l'évier, nous tournant ainsi le dos.

– Anélie et Ylisse... Sûr que des noms pareils au Val et encore plus à l'école à Sponge, déjà que des Noirs...

On entendit le fracas des couverts au fond de l'évier métallique.

– Tu te décides, oui ou non ! s'énerva Rose.

Il se retourna, vindicatif.

– Oui, oui, je l'ai promis, je l'ai promis, mais bon Dieu y a pas le feu au lac. Voilà, Ylisse et Anélie c'est pas des prénoms d'ici, pas des prénoms chrétiens, enfin, ma bourgeoise et moi, on a pensé qu'il valait mieux, pour ne pas vous attirer des ennuis, parce que hein, ici, on n'est pas à Paris, mais à la campagne, en Haute-Marne, et que deux gamins noirs déjà les gens jaseront tout leur soûl, alors Ylisse et Anélie...

Nouvelle interruption. Le robinet de l'évier gouttait. On entendait les « ploc-ploc » de l'eau frappant le métal.

– Tu changeras jamais, à ce que je vois, s'emporta Rose Dumoulin. Alors, voilà, je m'y colle. Les p'tiots, à compter d'aujourd'hui, vous aurez un autre prénom, c'est mieux pour tout le monde. Toi, Anélie, tu t'appelleras Hélène, Hélène Dumoulin et toi Ylisse, ce sera Roger, Roger Dumoulin, comme ça personne y trouvera à y redire. Ça vous convient ?

Léa, ma chérie, je suis certain qu'à cet instant-là, ni Anélie ni moi n'avons saisi la réalité de ce qui arrivait. Que nous n'étions plus rien. Définitivement plus rien. Que la dernière amarre nous rattachant à notre île, à notre vie d'avant, venait de se rompre. Nous disparaissions à jamais.

Nous avons cru à un jeu. Hélène. Roger. Ce serait rigolo de changer de nom.

Anélie me dévisagea. Elle empoigna ses nattes, qu'elle avait récupérées pour le voyage et son entrée dans sa nouvelle famille, les croisa devant sa bouche, les mordant même, et je savais qu'elle s'empêchait ainsi de rire. Puis, elle les retira, dit :

– Roger... Bonjour, Roger.

Elle éclata de rire. J'en fis autant, m'efforçant à dire « Hélène », sans y parvenir.

– Ah ben, j'aime mieux ça, fit Henri Dumoulin. Rose et moi, on se demandait si...

– Oui, on hésitait, c'est sûr, mais à la DDASS ils disaient qu'il valait mieux ne pas compliquer une situation déjà pas facile pour vous, alors du coup...

Nous écoutions à peine. Le fou rire. Anélie, prise d'un hoquet tenace, plongea une petite cuillère dans le pot de confiture de mûres et avala deux cuillérées afin de se calmer. Rose et Henri souriaient.

– Vingt dieux, si on s'était doutés que ce serait aussi facile, nota Henri, on se serait fait moins de mauvais sang.

– Des beaux prénoms, Hélène et Roger, hein les p'tiots ? insista Rose. Hélène, on l'a choisi parce qu'on a eu une fille qui s'appelait Hélène, mais le bon Dieu l'a rappelée à l'âge de quatre ans. Roger, si on avait eu la chance d'avoir un garçon... ah, c'est certain que ça aurait changé bien des choses, ben si on l'avait eu ce petit gars, on l'aurait appelé Roger. Pas vrai, Henri ? Mais voilà, le bon Dieu nous a pas entendus et on a eu une autre fille.

Des premiers mois atroces.

Tout l'était. Le froid, insupportable, car la cuisine était l'unique pièce chauffée de la ferme. Il neigeait en décembre. Nous étions souvent dehors, quand il n'y avait pas école. Ni Anélie ni moi ne manquions d'habits, mais ils étaient souvent trop grands ou trop petits. Rose ne nous fit jamais entrer dans un magasin de vêtements de Sponge, la ville proche du Val Brûlé. « Trop cher ! » s'indignait-elle.

C'était vrai. Les Dumoulin étaient pauvres. Ils étaient aussi avares. Un sou était un sou et il valait mieux le placer sur un livret de caisse d'épargne que de le dépenser en nourriture ou en vêtements. Rose et Henri Dumoulin n'avaient pas envie non plus de répondre aux multiples questions qu'on ne manquerait pas de leur poser s'ils se promenaient dans les rues de Sponge, accompagnés de deux enfants noirs.

Ils ne fréquentaient personne. Personne au Val Brûlé ne leur parlait vraiment, à part le boulanger et l'épicier ambulants. Ils détestaient tout le monde parce que les quatre autres fermes prospéraient ou, en tout cas, tenaient le coup, alors que la leur déclinait. Leurs terres, qu'ils louaient pour la plupart, étaient reprises par les propriétaires et redonnées en fermage aux autres paysans.

La jalousie.

Rose nous tricotait d'affreux pulls. Trop grands. Trop petits. Au début, elle ne prenait aucune mesure, comme si elle avait peur de nous toucher.

Oui, au début, Rose et Henri Dumoulin avaient peur de nous.

Ils ne nous embrassaient jamais. Le matin, Henri me serrait la main, comme si j'étais un employé.

- Bonjour, Roger.

Le prénom ne me faisait plus rire. Roger : le garçon que le couple aurait voulu avoir. Pas moi. Je tressaillais, regardais autour de moi, cherchant où pouvait bien se trouver le fantôme de Roger.

- Bonjour, Hélène.

Il ne lui proposait même pas sa main, se contentant d'un vague mouvement du menton.

Ces deux « bonjour » étaient les seules marques de « gentillesse » auxquelles nous avions droit pour la journée. Le soir, nous entendions un « bonne nuit, les p'tiots », plus chaleureux, formule empruntée à Rose qui nous saluait ainsi le matin.

- Bonjour, les p'tiots. Je suis sûre que vous crevez de faim. Je verse le café.

Et elle versait le café, préparait des tartines, allumait la radio afin de détruire le silence. Sous la table, les genoux d'Anélie touchaient les miens.

Nous avions froid la nuit, dans la grange.

- On dort ensemble, proposait Anélie.

Nous devions attendre que la lumière s'éteigne dans la grande maison, car Henri réapparaissait souvent dans la grange, avant de se coucher. Il avait toujours oublié quelque chose. Quand l'énorme silence étreignait la ferme et le Val Brûlé, nous flanquant une abominable trouille, Anélie chuchotait :

- Viens, Ylisse.

Parfois, elle disait « Viens, Roger », espérant me faire rire et ainsi repousser nos peurs, mais « Roger » ne m'amusait plus.

Nous avions moins froid, couchés dans le même lit. Rose s'aperçut très vite que nous dormions ensemble. Elle n'en fit jamais la remarque, mais précipita les travaux dans la grande maison, afin que nous disposions chacun d'une chambre qu'elle choisit les plus éloignées possible l'une de l'autre.

Nous avions peur du chien. Un berger allemand trapu, aux muscles visibles sous la peau, à la gueule béante et baveuse. Il tournait dans la cour, flairait nos mollets, semblant hésiter entre nous bouffer ou pisser sur nos chaussures.

– Vous ne risquez rien, assurait Henri, tout en ajoutant : Le premier rôdeur qui approche trop près de chez nous aura plus l'occasion de le raconter à personne.

Titus gueulait du matin au soir. Nos voisins, au Val Brûlé, se tenaient à l'écart de ses mâchoires. Ils ne venaient pas à la ferme. Le berger allemand n'était attaché qu'aux horaires de passage des commerçants ambulants. Puis détaché. La nuit, il tournait autour de la grange, ombre silencieuse et méchante, entrait en bas, reniflait, pissait, grondait entre ses dents énormes et pointues, nous sentant en haut.

– Tu crois qu'il pourrait grimper à l'échelle ? disait Anélie, sur le ton de la plaisanterie, mais sa voix trébuchait parce qu'elle se demandait, et moi aussi, si la méchanceté du chien ne réussirait pas à le propulser au niveau de notre chambre.

À partir de neuf heures du soir, il n'était plus question de descendre faire pipi.

– Mais bien sûr que si, les p'tiots, que vous pouvez descendre, affirmait Rose. Titus vous connaît.

Durant ces quelques mois dans la grange, ni Anélie ni moi n'avons vérifié que nous pouvions sortir la nuit.

Nos peurs nocturnes s'alimentaient aussi du récit de Rose. Elle voulait probablement justifier la présence de Titus.

– On veille à notre sécurité, les p'tiots, parce qu'il y a deux ans, on a eu des romanichels qui traînaient au Val et il paraît qu'il y en a un qu'aurait assassiné une femme dans la région et qu'il l'aurait enterrée dans les bois de par chez nous. En tout cas, les gendarmes n'ont jamais retrouvé l'assassin et ce serait pas impossible qu'il soit encore là ou qu'il y revienne puisqu'on dit que les criminels reviennent toujours sur les lieux de leurs crimes. Dieu merci, avec Titus…

Nous allions à l'école, à Sponge. Le garde forestier nous prenait le matin et nous ramenait le soir. La maison forestière se trouvait à mi-pente d'une colline, en plein bois, à trois ou quatre kilomètres du Val Brûlé. Le garde, M. Dubreuil, conduisait sa fille Clémentine à l'école. Il nous « ramassait » au passage. Clémentine, sept ans, s'asseyait à l'avant, à côté de son père. Durant ces deux années, elle

se contenta de nous demander pourquoi on était noirs. Si nous vivions en Afrique. Sa dernière remarque concernait la musique, parce qu'elle apprenait le piano.
– C'est vrai que vous jouez du tam-tam ? C'est quoi un tam-tam ? Vous m'en donnerez un ?

Son père lui demandait de se taire. C'était un homme violent qui aimait conduire en ayant le silence et dont la phrase préférée était : « Je déteste qu'on me fasse chier. » Rose affirmait qu'il battait sa femme. En tout cas, il battait sans doute Clémentine, parce que dès qu'elle ouvrait la bouche, il s'exclamait : « Je déteste qu'on me fasse chier ! Tais-toi ou je t'en colle une ! »

Pourtant, le matin, il nous embrassait. Le soir aussi, avant de nous laisser devant le portail clos de la ferme.

À l'école...

Je me suis battu, les premiers jours, ma Léa. Pas longtemps. À quoi bon ? Ils étaient plus forts. Anélie et moi, la première année, nous étions dans la même classe de CM2. Hélène et Roger. Personne, jamais, ne nous a appelés Anélie et Ylisse. L'institutrice – j'ai oublié son nom, on ne disait que « maîtresse » – nous appelait « les pupilles »... « les deux pupilles »... ou « Roger et Hélène »... Les autres utilisaient aussi ce nom de « pupille », mais comme au foyer de Ladret, le plus souvent nous entendions « les macaques, les négros, les bamboulas, les banania... », la liste des insultes était longue. Peu à peu, ils se lassèrent et nous mirent sur la touche. Ils agissaient comme si nous n'existions pas et on se débrouilla pour en faire autant. Nous étions les seuls Noirs de Sponge.

Je me battais pour défendre Anélie. Elle se battait pour me défendre. Des parents sont intervenus. La directrice de l'école nous a convoqués dans son bureau.

– J'ai prévenu votre famille d'accueil, mais elle n'a pas l'air de se soucier de mon avis, alors je vous préviens, VOUS !

Elle pointait son stylo à bille rouge vers nous.

– À compter d'aujourd'hui, Hélène et Roger, je vous laisse le choix entre deux solutions. Vous avez droit à une semaine de réflexion. Votre avenir dépend de votre choix, donc réfléchissez bien.

– On retourne chez nous, à Maloya ? espéra Anélie.

– Pour y faire quoi ? Votre avenir est ici, en France. Mais...

Je me souviens, ma chérie, qu'elle avait posé son stylo et se rongeait les ongles. Elle en crachait les rognures qui tombaient sur la plaque de verre recouvrant le bureau.

– Mais si une seule – je dis bien : une seule – bagarre se reproduit par votre faute dans la cour de récréation, je demanderai votre renvoi au foyer de la DDASS, à Ladret ou ailleurs.

J'aurais étranglé cette femme, si j'avais pu.

Nous nous sommes contentés de pleurer. Anélie sanglotait et bégayait des « non » qui suppliaient.

Je pris la décision, ce jour-là, de ne plus me servir de mes poings. J'accepterais les insultes, les humiliations, les coups, ne riposterais pas, quoi qu'il arrive... à moins qu'il ne faille protéger Anélie. Je préférais mourir que retourner dans un foyer de la DDASS.

À la ferme, le travail était dur. L'écurie à nettoyer. Le lait à traire. Les poules, les lapins. L'été, la moisson des champs qui restaient exploités. Il y avait beaucoup d'autres petits travaux, parce qu'Henri, en dépit de son corps de colosse, disposait de peu de force. Une maladie l'affaiblissait. On ne nous dit jamais de quoi il souffrait. Le couple ne se plaignait pas. Il faisait tout ce qu'il pouvait pour tenir le coup.

Voilà, ma chérie, résumé comment le temps s'écoulait jour après jour. Nous ne parlions plus de notre île. Pas un mot. Nous pensions pourtant chaque soir à Bourg-Calat, quand on se déshabillait, chacun dans notre chambre. Le pendentif apparaissait. Nous le retirions, glissions la pierre verte sous l'oreiller. Une fois, une seule fois Anélie fit allusion à Maloya. Nous passions notre dernière nuit dans la grange, le lendemain nous aurions chacun notre chambre dans la grande maison.

– Hier, il y a eu une éruption au volcan, annonça Anélie, au réveil.

– Quoi ?

– Le volcan a craché sur l'île. Je l'ai entendu.

– T'es folle, Anélie.

Elle était presque nue, ne portait qu'une culotte et son pendentif qu'elle venait de remettre autour de son cou. Elle caressa la pierre et dit sans sourire :

– La pierre m'a fait entendre le bruit pendant que tu dormais.

Ma Léa, je t'autorise à rire de ma naïveté. Pourtant, trois jours plus tard, nous avons lu le titre d'un article dans le journal local que recevait les fermiers.

Réveil du Piton des Créoles, sur l'île de Maloya. Une éruption menace les habitations.

Peu à peu, Léa ma chérie, l'attitude des fermiers changea. Il fallut presque une année pour que nous comprenions ce qui se produisait. La première étape, mais on ne s'aperçut de rien, fut l'attribution d'une véritable chambre dans la grande maison, épisode que j'ai déjà évoqué.

– Il fait trop froid pour que vous restiez dans la grange, annonça Rose Dumoulin.

Elle semblait découvrir le froid, alors que l'hiver était terminé et qu'un soleil timide réchauffait la grange.

– Non, on n'a pas froid, on est bien là-bas, dit Anélie qui craignait de se retrouver seule dans une chambre qui serait la sienne mais où je ne serais pas.

– Y a pas que ça, rétorqua Rose, parce que maintenant Roger attrape bientôt ses quatorze ans et toi Hélène tes douze...

Elle s'en tint là. Henri hochait sans arrêt la tête, approuvant même le silence de sa femme.

Nos chambres s'avérèrent presque aussi froides que la pièce bricolée de la grange. Elles étaient grandes, mais encombrées de meubles. Un lit, une armoire énorme, une commode, des chaises. Un crucifix au-dessus du lit. Pourtant, deux détails auraient dû nous avertir que quelque chose changeait. Sur l'oreiller du lit d'Anélie, Rose avait déposé un ours en peluche blanc. Il n'appartenait pas à leur petite fille morte à l'âge de quatre ans. Elle le précisa.

– Je l'ai acheté à Sponge. Je parie que tu aimes les nounours.

Anélie, douze ans, n'éclata pas de rire. Elle prit le nounours, remercia... et dormit avec lui.

Et moi...

Moi, j'héritai d'un lance-pierre !

– Un cadeau que je t'ai fabriqué dans mon temps perdu, bougonna Henri. On m'a dit que là-bas, tu étais le roi du lance-pierre, alors ma foi... tu t'exerceras sur les pies et les corbeaux, c'est pas ce qui manque au Val.

Je me souviens... Léa, je n'ai pas remercié, comme Anélie. J'ai ricané. Je me fichais complètement d'un lance-pierre. L'époque du gamin de l'île me semblait tellement lointaine. J'étais presque en colère que M. Dumoulin me traite comme un gosse.

D'autres choses changèrent au fil des mois. On nous confia des travaux moins pénibles.

– Faites vos devoirs d'école, les p'tiots, disait Rose. Pour votre avenir, ce sera plus important que savoir traire les vaches.

Ils vendirent les trois vaches. Abandonnèrent leurs derniers champs. En revanche, la basse-cour s'agrandit et le jardin, à l'arrière de la ferme, tripla de surface.

Au début, Anélie et moi pensions que les fermiers aimaient mieux Titus que nous. Ils le caressaient. Lui parlaient gentiment. Acceptaient qu'il pisse dans la grange, qu'il entre les pattes sales dans la grande maison. Puis, un jour, alors que le chien avait montré les crocs à Anélie qui lui retirait son écuelle vide :

– Titus, t'as pas intérêt à gronder Hélène encore une fois, c'est moi qui te le dis, s'énerva Henri. Si tu recommences, tu le vois, lui... Il montrait au chien le fusil de chasse accroché à un mur du couloir. Si tu le vois comme je le vois, tu devines ce qui va t'arriver si jamais tu montres encore tes dents à la p'tiote, compléta Henri Dumoulin. Un coup de douze dans la tête et hop enterré dans la grange.

Pour la première fois, je compris qu'un changement s'opérait dans l'attitude des fermiers.

– Tu crois que Henri tuerait Titus ? demandai-je plus tard à Anélie.

– Oui. Je l'ai vu dans ses yeux qu'il le ferait. Anélie se blottit contre moi et ajouta : J'aimerais pas. Je déteste le chien, mais je ne voudrais pas qu'on le tue. Pourquoi Henri dit ça ? Son chien, des fois il l'appelle « mon gamin » et il l'embrasse sur le museau.

D'autres indices auraient dû nous ouvrir les yeux. Nous étions mieux habillés. Trois fois par an, « le camion bleu » passait au Val Brûlé. Rose appelait ainsi le commerçant ambulant qui proposait des vêtements. Elle n'achetait rien chez les commerçants de Sponge, mais se laissait tenter par le camion bleu qui s'arrêtait à sa porte. C'était une sorte de fourgonnette, de marque Citroën, effectivement peinte d'un bleu agressif. Rose achetait un tablier, un pantalon à Henri, une robe. Jamais quoi que ce soit pour nous.

– Venez voir, les p'tiots, le camion bleu a de jolis pulls à votre taille ! appela Rose, un dimanche de la fin de l'année 1968, en septembre ou octobre, je ne sais plus.

Le camion bleu passait le dimanche au Val Brûlé. Ainsi, plusieurs mois après notre arrivée à la ferme, Rose nous acheta des vêtements neufs et nous laissa choisir.

– Elle est malade ? ironisa Anélie, mais son regard inquiet ne songeait pas à une quelconque maladie.

Il sondait les jours de la semaine écoulée, cherchant quel événement grave pouvait expliquer la soudaine et incroyable générosité de Rose. Elle ne trouva rien, mais pourtant commença à entrevoir la vérité.

– Peut-être que finalement on se trompe et que...
– Et que quoi, Anélie ?
– Rien.

Quelque temps après, je surpris une discussion entre Henri et le boulanger ambulant. J'étais derrière une haie. On ne me voyait pas, mais moi je voyais la camionnette du boulanger, sa silhouette qui se déplaçait à l'intérieur et le fermier, devant.

– Aujourd'hui, je vous propose des belles brioches fraîches et pas chères, monsieur Henri. Elles sont en promo vu qu'on ferme la boulangerie dans cinq jours pour des travaux. Je vous en mets une pour demain dimanche ?

La voix rauque du fermier traversa la haie :

— Ce serait pas de refus, mais on n'a guère les moyens de s'offrir des gâteries, dimanche ou pas.

Une remarque classique de sa part. Rire du boulanger qui connaissait lui aussi la ritournelle. Puis vint le stupéfiant discours qui me fit sursauter :

— La patronne et moi, on doit économiser parce qu'il faut assurer l'avenir de nos deux enfants. On a bien une autre fille, elle travaille à Brest et on ne la voit jamais, pis quoi, elle a une bonne situation tandis que nos deux p'tiots, va falloir s'en occuper et les protéger. Henri se racla la gorge avant de poursuivre : Nos deux enfants, on pourrait les mettre chez notre fille de Brest si elle était d'accord. Là-bas, ils fréquenteraient un bon lycée et plus tard comme ça ils deviendraient... Un rire embarrassé, puis : Pourquoi pas président de la République ou ministre ? Oh, ce serait compliqué avec les démarches administratives et tout le saint-frusquin et sûr que la patronne et moi on en aurait gros sur la patate qu'ils nous quittent et s'en aillent si loin, mais ici, dans notre cambrousse perdue il n'y a pas beaucoup d'avenir.

La suite m'échappa. J'étais pétrifié, réentendant dans ma tête les propos du fermier. « L'avenir de nos deux enfants. » « Protéger nos deux p'tiots. » « On en aurait gros sur la patate qu'ils nous quittent. »

Je racontai aussitôt tout à Anélie. Elle fondit en larmes. J'étais assez stupide, ma Léa, pour ne pas comprendre ce qui était en train d'arriver.

– Tu as peur d'aller vivre à Brest ?

Anélie, plus psychologue et fine que moi, sécha ses larmes. Un fragile sourire les remplaça.

– Des fois, t'es con Ylisse.

– Merci.

– T'es con si tu ne comprends pas que Rose et Henri nous considèrent maintenant comme leurs enfants. Ils nous aiment.

– Ils nous aiment ? Ils nous aiment ?

Je bafouillais comme un imbécile, refusant d'admettre l'évidence. Je fixai Anélie, longtemps, sans dire un mot. Nous pensions tous les deux à l'île de Maloya. À nos parents, là-bas, dont nous ne parlions jamais.

La confirmation de cette nouvelle réalité vint le lendemain matin. Il était tard. Ils nous avaient laissés dormir alors que le dimanche matin, nous étions de corvée « poules et lapins ». Henri et Rose Dumoulin se tenaient comme d'habitude, assis sur leur banc, près de la cuisinière. Ils avaient pris leur petit déjeuner depuis trois bonnes heures. Pas de main tendue, accompagnée d'un « bonjour les p'tiots », pas un geste, pas même celui attendu de Rose nous servant le café. Les pots de confiture n'étaient pas sur la table. Un silence planait dans la cuisine. L'embarras du couple était visible. Rose et Henri se regardaient tour à tour. Anélie prit sa place sur l'autre banc, moi à côté. Je montrai la cafetière, en bout de table, au lieu d'être au chaud, sur la cuisinière.

– On ne déjeune pas ? C'est trop tard ?
– Bon, dit Rose.
Elle se leva, fit trois pas qui l'approchaient de notre banc.
– Vous n'oubliez rien, les p'tiots ?
Anélie esquissa une grimace d'incompréhension. Je voulus faire le malin, comme souvent.
– Si c'est le bénédicité parce qu'on est dimanche, c'est le midi.
– Vous n'oublieriez pas des fois de nous claquer une petite bise pour dire bonjour ? dit Rose.
Ses joues devinrent plus rouges que la toile cirée qui protégeait le bois de la table. Elle tourna la tête vers Henri.
– Ben, tu pourrais pas bouger tes fesses et rappliquer ?
Sa tête pivota vers nous.
– Voilà... voilà ce qu'Henri et moi on a pensé. Vous êtes chez nous depuis un an, alors voilà... Ben, dis quelque chose, Henri, au lieu de garder ton bec ouvert comme une carpe qui voudrait gober un moucheron.
Henri prit le relais.
– On a pensé, la patronne et moi, qu'on ne pouvait plus commencer les jours comme avant. Peut-être qu'on pourrait s'embrasser, comme dans les familles... comme dans les familles ordinaires, quoi.
Rose Dumoulin se mit à sangloter, à dire « Mon Dieu... mon Dieu... » et nous nous sommes embrassés.

13

2012

Les révélations de Rita Dorimont nous laissaient abasourdis. Deux adolescents noirs, venus d'une île de l'autre bout du monde, avaient vécu dans notre maison et y étaient morts.

– Assassinés par ces salauds de fermiers ! fulminait mon père.

– On ne sait pas, corrigeait Mélinda.

– Maman, si on sait ! Le crâne de la grange est celui d'Anélie Rivière.

– Hélène Dumoulin ! Les salauds ! Changer même leur nom, c'est ahurissant ! s'emportait à nouveau Arthur.

– Papa… d'accord, on sait maintenant ce qui est arrivé à Anélie… enfin, on sait qu'elle a été assassinée ici par les fermiers qui ont transformé leur maison en cimetière, mais on ignore ce qu'est devenu Ylisse Payet.

Mon père s'enfilait une cafetière pleine durant nos discussions, soir après soir, nous enfermant dans le salon, face à une télévision éteinte et ruminant le pourquoi de cette fin abominable d'une fille de treize ans.

— On ignore tellement de choses, ma grande ! Pourquoi ce couple de paysans a assassiné ces deux gosses ? Oui, les deux ! Vous refusez de l'admettre pour Ylisse, pourtant ça crève les yeux ! Les deux disparaissent en même temps !

Maman se grignotait les ongles des doigts. Elle remarquait :

— La grange ne contenait...

Ses paupières papillotaient. Elle s'humectait les lèvres tellement le dire était pénible.

— La grange ne contenait qu'un corps. Squalo & Cie, officine célèbre de détectives privés, est bien placée pour savoir que si second crime il y a eu, second cadavre enterré il y aurait.

Son humour forcé, lourdingue et morbide, m'irritait. J'essayais d'imaginer à quoi ressemblait Anélie Rivière, fille noire transplantée de son île au Val Brûlé. Je voulais penser à une fille pleine de vie, pas à une tombe. Pourquoi mourir ici, en France ? Pour quelle raison ces deux adolescents avaient-ils atterri dans ce hameau perdu ?

Pourquoi ? Pourquoi ?

Nous avions appris beaucoup de choses grâce à Rita Dorimont et pourtant nous nous retrouvions devant une liste angoissante de « pourquoi ».

Mélinda en voulait à Rita Dorimont.

— Pourquoi s'est-elle si peu intéressée à ces enfants ?

– Elle te l'a dit : des Noirs ! Des Noirs ! s'emportait Arthur. Tu croyais quoi ? Que la connerie raciste n'existait pas en 1969 ? Qu'une institutrice ne peut pas être contaminée, ne serait-ce qu'un peu, par ce virus ? Tu es pourtant bien placée pour entendre un ou deux de tes collègues glapir contre les étrangers, non ?

La conversation dérapait. La bêtise de l'homme, parfois, conduisant au drame. Je revins à la liste des « pourquoi ».

– Squalo a marqué des points. Mais pourquoi les fermiers ont-ils commis ce crime ?

– Ces crimes ! corrigeait papa.

– Peut-être. Dans ce cas, pourquoi n'avons-nous retrouvé que le seul crâne d'Anélie sous le sol de la grange ? Où est Ylisse Payet ?

Arthur se mordilla la lèvre avant de livrer sa misérable plaisanterie.

– À mon avis, sous le plancher de ta chambre.

Mélinda considéra les ongles peints de ses doigts et dit, sans nous regarder :

– Je me demande si j'ai envie de vivre dans une maison ayant appartenu à des assassins.

Elle leva brusquement la tête, quêtant une approbation. Nous restions silencieux. Je ne souhaitais pas plus qu'elle vivre dans une maison où flottaient les ombres de deux assassins. Papa pensait probablement la même chose, mais vendre la ferme alors qu'il l'avait retapée serait un crève-cœur.

Les jours suivants, Squalo & Cie explora les pistes qui nous restaient. Elles ne nous menèrent nulle part. Retrouver des professeurs du collège de Sponge ayant eu Ylisse et Anélie dans leurs classes ? Le collège n'existait plus depuis vingt ans ! Retrouver d'anciens élèves de Rita Dorimont ? Ils ne nous apprendraient rien de plus qu'elle. J'étais retournée à la maison de retraite afin de montrer le pendentif d'Anélie à l'institutrice. L'olivine.

– Non, ça ne me rappelle rien, avait dit Rita Dorimont. Mais tu sais, je n'allais pas regarder sous les vêtements des enfants. C'étaient deux pupilles, je ne pensais pas qu'ils resteraient longtemps.

Elle s'était tue. Puis avait changé de sujet, comme si retourner dans le passé l'épuisait.

L'été mordait le Val Brûlé d'un soleil incandescent. Arthur capitula.

– Nous n'apprendrons jamais rien de plus, mais j'estime que Squalo & Cie ne s'est pas si mal débrouillé pour un galop d'essai. Je reprends le travail dans la maison : il est grand temps si nous voulons ouvrir un jour ces foutues chambres d'hôtes.

Il travaillait dans la grange, écoutant sa musique préhistorique à plein volume. Son air maussade racontait sa déception mieux que des paroles. Ma mère l'aidait un peu. Sans conviction. Son manque de volonté affirmait de jour en jour son désir de ne plus habiter le Val Brûlé. Elle dévorait les livres, les magazines, jardinait, se baladait à pied ou en vélo. L'école lui manquait. Elle s'efforçait d'oublier Anélie et Ylisse. Moi, je ne les oubliais pas, bien au contraire. Je sortais chaque jour avec Édouard. Scooter. J'avais maintenant l'autorisation de le transporter sur mon scooter de Sponge à Dijon. Piscine. Je le traînais dans les boutiques. Cinéma.

La routine qui s'installa, durant cet été 2012, ne m'emballait guère. En fait, je bassinais Édouard avec mon histoire. Sans cesse Anélie et Ylisse. De plus en plus Ylisse, seul. Le mystère qui entourait sa disparition. Ylisse le fantôme. Au moins, aussi dramatique qu'il soit, le sort d'Anélie m'était connu. Mais Ylisse, adolescent vivant dans ma maison en 1969, marchant là où je marchais, touchant ce que je touchais, happé soudain par une nuit qui l'effaçait ?

Édouard se résolut à intervenir alors que nous sortions d'un cinéma. Durant la séance, il m'avait embrassée, mais j'étais demeurée distante. Sa main sous mon T-shirt.

– Arrête, tu me chatouilles.

Ses lèvres sur les miennes.

– Arrête, tu me mouilles les joues.

Son bras autour de mon cou.

– Arrête, tu m'étouffes.

Dehors, il me posa quelques questions.

– Tu as aimé ? Un super film, hein ? Finalement, le type il a couché avec Marilyn ou pas pendant cette semaine où il la rencontre quand elle tourne ce film en Angleterre ?

– Marilyn ?

Édouard s'était arrêté en plein milieu de la rue, provoquant l'aboiement des klaxons.

– Tu déconnes ou quoi ? Tu n'as rien vu du film, hein, c'est ça ? Tu ne t'es pas plus intéressée à l'actrice qui jouait Marilyn Monroe qu'à moi qui t'embrassais ? Tu... tu...

L'indignation l'étouffait.

– Durant ces deux heures, tu n'as pensé qu'à ton Ylisse Payet ou Roger Machintruc, hein, c'est ça, hein ?

C'était exactement ça.

– Je vais m'occuper sérieusement de ce cauchemar, dit Édouard, parce que j'en ai marre qu'il soit entre nous.

– Ah oui ? Et comment ? Tu sors ta baguette magique comme ce crétin d'Harry Potter ?

– Bertille !

Nous étions en désaccord au sujet d'Harry Potter. Nous n'avions pas lu les livres, mais avions vu les films en DVD. Qu'Édouard trouvait géniaux et moi ridicules, tout juste bons à impressionner des gosses de cinq ans.

– Internet, dit Édouard.

– Internet ?

– Viens chez moi. Je t'explique et on lance l'opération le plus vite possible.

Je l'observai avec méfiance. Aller chez lui ? Dans sa chambre, probablement, où Édouard disposait de deux ordinateurs, mais aussi d'un lit. Cependant, ce garçon était hyper doué en informatique. Davantage qu'en amour, mais ce n'était pas le moment de me montrer critique.

– Je lance des recherches sur Internet. On s'y colle tous les deux. Toi, tu prépares les textes, moi je m'occupe de la technique. Il nous faudra quelques jours, pas davantage. Demain tu te pointes à la maison avec les photos de classes de mamie Rita.

Il m'expliqua son plan. Recherche sur Facebook. Qui connaît ou aurait connu Roger Dumoulin ? Ylisse Payet ? Anélie Rivière ? Hélène Dumoulin ? Recherche sur les sites « copains de classes », en publiant les photos des classes de CM2 dans lesquelles étaient Anélie et Ylisse en 1968 et 1969.

– Troisième piste possible : je bâtis deux sites Internet.
– Des sites ? Pour quoi dire ?
– Pas grand-chose, s'amusa Édouard. Ils seront des pièges. Un site intitulé Ylisse Payet, adolescent maloyais qui aurait vécu en Haute-Marne, dans le hameau du Val Brûlé et bla bla bla, tout ce que tu trouveras à pondre ou à inventer, après tout, c'est toi l'écrivain. Kif-kif avec un site sur Anélie Rivière. On colle tes numéros de téléphone sur ces sites, donc tu dois avertir tes parents, qu'ils donnent leur accord.

– À quoi serviront ces sites ? Anélie est morte, Ylisse...
– Bertille ! T'es vraiment bouchée quand tu veux ! Il suffira que quelqu'un tape sur son clavier d'ordi les noms de Payet ou Rivière, comme ça, par curiosité, parce qu'il porte ce nom ou s'y intéresse pour une raison quelconque et hop, il débarque sur nos sites et alors là...

Je terminai pour lui :
— Et alors là, si Ylisse Payet alias Roger Dumoulin est vivant, bingo, il nous téléphone. Un miracle. Je ne crois pas aux miracles, n'empêche que ton idée est géniale et je te remercie.

Je lui fis deux bises rapides.
— Tu ne te foules pas ! Tu me donneras quoi, en échange de mon génie informatique ?
— Deux ou trois jours dans ta chambre avec toi et tes ordinateurs.

Édouard ne fit pas attention au soupir qui accompagnait ma capitulation. Ces trois jours dureraient une éternité. J'avais décidé depuis une semaine que mon histoire avec Édouard parvenait à son terme. Il existait tellement d'autres garçons qui nageaient bien, aimaient lire et étaient encore plus beaux que s'en priver serait un crime.

Pourtant, Squalo & Cie méritait un sacrifice.

14

DIMANCHE 23 OCTOBRE 1969

Le jour de l'horreur.

Des années plus tard, j'ai rencontré une femme qui lisait l'avenir et le passé dans les lignes de la main. C'était pendant une croisière en Égypte. Le bateau descendait le Nil, jusqu'à Assouan. La femme me dit : « Toi, tu habitais une île. Tu l'as quittée de force. De ce jour-là, le danger s'est rassemblé au-dessus de ta tête. La mort attendait son heure pour te frapper. Si elle ne l'a pas encore fait, attends-toi à ce qu'elle le fasse. »

Depuis ce jour, je ne hausse plus les épaules devant celles ou ceux qui font commerce de prédictions.

Je n'ai jamais oublié ce dimanche d'octobre, ma chérie. J'ai tout tenté pour oublier et n'ai jamais réussi. Mes nuits en sont hantées. Le matin, au réveil, ma première pensée est pour Anélie.

Bientôt, ma maladie gommera définitivement ce souvenir. Ma maladie me terrifie et pourtant elle m'apporte au moins ce soulagement-là : ne plus jamais être le garçon de quinze ans, dans cette cour de ferme du Val Brûlé, ce matin d'un dimanche ensoleillé d'octobre.

J'écrirai peu sur ce jour. Le minimum. Les mots se refusent à moi. Je ne voudrais pas les écrire. Je les hais. Anélie et moi étions dans la cour. Rose et Henri s'occupaient des lapins. Les clapiers s'alignaient derrière la grange. J'avais pris le fusil de chasse d'Henri, ce fusil accroché au mur d'un des couloirs de la grande maison.

– Tu ne touches jamais à ça ! ordonnait Henri.

– Ça ne risque rien, il n'y a pas de cartouche dedans.

– Tu ne touches pas à ce fusil, voilà ! Chargé ou pas, je ne veux jamais te voir tenant ça ! C'est clair ?

Pourquoi avoir désobéi ce dimanche ? Parce que les corneilles piaillaient dans les champs, autour de la ferme, qu'il y en avait trop au point de former un nuage noir quand elles survolaient la grange ? J'épaulais le ciel, visais les oiseaux, braillais de stupides « bang bang ! ». Henri et Rose ne pouvaient pas m'entendre : le jardin était éloigné et la grange servait d'écran de béton. Anélie nettoyait son vélo. Rose et Henri venaient de nous offrir à chacun une bicyclette neuve.

– T'en as pas marre, Ylisse, de jouer à la guerre avec des corbeaux ?

– Non. J'en ai marre de m'ennuyer. Si tu te dépêches de nettoyer ton vélo, on pourra enfin aller chercher des champignons au lieu de se barber comme des rats morts.

Le camion bleu était passé. Sans s'arrêter : il l'avait fait la veille, tard, et Rose avait acheté une blouse en nylon. Le camion bleu traversait le Val Brûlé, mais il avait ralenti devant la ferme. Il s'en allait et ne reviendrait que dans quatre ou cinq mois.

Au moment de ce passage du camion devant chez nous, je tenais Anélie en joue. Pour jouer, oui Léa, jouer à un jeu imbécile, mais je l'ai fait ! Le chauffeur a crié par la vitre ouverte :

– Range ça, gamin ! Un fusil n'est pas un jouet !

Il a accéléré. Le camion a disparu au tournant.

J'ai posé le fusil contre la barrière. J'avais soif à force de crier mes « bang bang » imbéciles. Le robinet extérieur se trouvait de l'autre côté de la cour.

– Tu pourrais ranger le fusil à sa place ! cria Anélie. Si Henri sort du jardin, ça ira mal ! Je ne suis pas ta bonne !

J'ai crié « Si ! si ! » regardant en riant Anélie se diriger vers l'arme.

Une cartouche était restée dans le fusil. Henri était allé chasser la veille. Jamais, jamais, jamais il n'accrochait au mur son fusil contenant encore une cartouche. Il vérifiait toujours.

Jamais de cartouche oubliée.

Sauf ce dimanche-là.

Anélie prit le fusil de chasse. La courroie qui servait à le porter à l'épaule s'accrocha à la barrière. Je ne sais pas ce qui se produisit vraiment, comment le drame…

Une détonation. En plein cœur.

Anélie, étendue sur le sol de la cour, était morte.

15

2012

Dernière semaine d'août. Mon premier roman terminait sa course dans la poubelle. Ma mère préparait la rentrée scolaire. Mon père approchait de la fin des travaux dans la grange et pensait déjà à la piscine. Je n'avais pas quitté Édouard pour un autre garçon, c'est lui qui m'avait plaquée, regagnant les bras d'Agathe, « la conne qui jouait comme un pied au tennis ».

Squalo & Cie prenait l'eau. Deviendrais-je un vrai écrivain ? Dans mes périodes de découragement, j'envisageais de retourner au lycée.

C'était un samedi soir. Nous étions dehors, près du barbecue. La nuit tombait. Nous parlions à peine, observant le vol des chauves-souris et aussi celui des moustiques attirés par la lumière électrique de la terrasse. Douceur de la température. Une fin d'été.

– Nous ne sommes pas si mal, non ? dit Mélinda, en s'étirant comme un chat.

Son fauteuil de rotin gémit.

– Ouais, admit mon père. Mieux que lorsqu'une tripotée de touristes à qui on aura loué nos chambres nous casseront...

Il se tut, interrompu par la sonnerie du téléphone à l'intérieur de la maison.

– Tu y vas, Bertille, s'il te plaît ? J'ai la flemme, dit maman.

– De toute façon, à cette heure-là un samedi, ce ne peut qu'être un emmerdeur, décréta papa.

Le vol des chauves-souris commençait à me lasser. Les piqûres des moustiques m'exaspéraient. Répondre au téléphone me convenait.

– Allô ?

– Je suis bien chez Bertille Squalo ?

– Oui... Enfin, madame et monsieur Squalo et moi.

– Bertille Squalo qui habite le Val Brûlé, en Haute-Marne et cherche des renseignements concernant Anélie Rivière et Ylisse Payet ?

Le téléphone faillit m'échapper des mains. Depuis qu'Édouard avait fourré nos appels dans son ordinateur, je consultais le mien vingt fois par jour, épiais le téléphone, mais notre bouteille à la mer s'était perdue dans l'océan du Net. Un échec total. Et soudain, ce soir d'août... Ma respiration s'atténua. Un souffle.

– Oui, c'est moi. Vous sauriez quelque chose ?

Une hésitation de la voix féminine, jeune, enjouée me semblait-il. Une farce ?

– Beaucoup de choses, oui. Je m'appelle Léa Payet, je suis la fille d'Ylisse. Rébecca Payet, ma mère, se demande si...

La suite se perdit dans le tam-tam que produisait mon cœur. Je perdais pied. *La fille d'Ylisse Payet... la fille d'Ylisse...* Une voix intervenait entre ces annonces : tu entends la plaisanterie idiote d'un crétin. Réagis.

Combien de temps dura cette apnée mentale ?

– Allô ? Allô ?

Les appels répétés, presque criés, me ramenèrent à la réalité. J'étais Bertille Squalo et j'étais peut-être en train de parler à la fille d'Ylisse Payet.

Ylisse était vivant !

– Oui, je suis là. Excusez-moi, je ne parviens pas à réaliser que vous puissiez être la fille d'Ylisse.

– Ma mère et moi avons lu ce que vous avez écrit sur Internet. Mon père est mort il y a bientôt six mois.

Je laissai échapper un « oh » gorgé à la fois de tristesse et de déception.

– La maladie d'Alzheimer, reprit Léa Payet. Nous nous y attendions. Il s'y attendait. Notre peine s'est effacée peu à peu, car papa nous a laissé un récit de son enfance. Il y raconte le Val Brûlé... votre... votre maison. Il raconte la mort d'Anélie Rivière. Il... il...

Le silence. Long. Impossible pour moi de le rompre. La gorge en cendre. Une puissante envie de pleurer m'empêchait de parler, mais je devais m'interdire ces larmes. Léa se montra plus forte que moi, alors qu'elle parlait de son père.

– Maman et moi aimerions voir la ferme où papa et Anélie ont vécu deux ans.

– Bien sûr... bien sûr...

– Et surtout, Rébecca et moi aimerions que vous et vos parents lisiez le récit que papa a écrit.

– Bien sûr... bien sûr... merci... oui... quand vous voudrez, venez au Val Brûlé, nous... nous...

La panique.

– Demain. Nous pouvons être chez vous demain si vos parents sont d'accord.

– Demain ? Vous habitez près d'ici ?

– Non. Brest. Nous habitons à Brest, mais nous avons voyagé aujourd'hui. Nous dormons à l'hôtel, à Sponge. Il n'y a que quelques kilomètres entre nous. Si vos parents sont d'accord, nous pouvons être au Val Brûlé demain matin.

– Ils sont d'accord. Oui, oui, venez demain.

– Merci. Bonne nuit, Bertille. À demain, donc.

Mélinda et Arthur se tenaient dans l'encadrement de la porte.

– Que se passe-t-il ? demanda maman. Qui téléphone aussi longtemps que tu ne reviens pas ?

– Ylisse Payet... non, enfin sa fille... sa femme. Elles seront demain chez nous.

Léa, une superbe fille de dix-huit ans, arborait le pendentif sur son T-shirt rouge framboise. L'olivine verte. Mes yeux fascinés ne quittaient pas la poitrine de Léa alors même que les deux femmes se tenaient, hésitantes et émues, sur le seuil de notre maison. Elle se rendit compte que quelque chose se passait. Elle posa sa main droite sur le pendentif et dit :

– La pierre verte appartenait à mon père. C'est une olivine.

Je sortis l'olivine d'Anélie de dessous mon propre T-shirt et dis :

– Anélie Rivière portait cette pierre autour de son cou.

– Je sais, balbutia Léa Payet. Comment est-ce possible que vous l'ayez récupérée ?

Qui, de nous deux, pleura la première ?

Il n'y eut ensuite aucun embarras entre nous. Les olivines jumelles agissaient comme des clés ouvrant des coffres fermés depuis longtemps et que personne n'avait osé ouvrir et fouiller. Il n'y avait nul besoin de preuves, de pièces d'identité, de justifications. Nous nous parlions. Nous nous écoutions. Cette belle métisse, au regard fier, aux courts cheveux noirs, qui marchait dans notre cour, suivie de sa mère, plutôt timide, était vraiment la fille d'Ylisse Payet, ce garçon noir transplanté d'une île lointaine jusque dans cette vallée froide et austère, avec son amie Anélie Rivière.

– Papa a donc vécu là, disait Léa, marchant à petits pas dans la cour de l'ancienne ferme.

Elle semblait avoir de la peine à l'imaginer. Rébecca se taisait. Elle baissait la tête, fixait le sol, nous tournait le dos souvent afin d'effacer discrètement les larmes qui venaient. En visitant la propriété, elle avait essayé de parler.

- Ylisse...

Elle s'était arrêtée au prénom de son mari. C'était trop difficile d'enchaîner des mots dont la pauvreté ne traduirait jamais ce qu'elle ressentait. Au contraire, sa fille touchait tout et disait :

- Papa a posé sa main sur ce mur. Il a touché cette porte. Ses mains ont tourné ce robinet extérieur.

Elle admirait la vallée qui apparaissait entre les branches des arbres et disait encore, d'une voix à la fois incrédule et teintée d'émerveillement :

- Papa voyait cette vallée chaque matin à son réveil.

Nous sommes entrés dans la grange.

- C'est là, annonça mon père, en montrant le carrelage neuf, des rectangles de faïence bleue posés à la place des anciennes dalles de pierre.

Ça paraissait presque idiot de se trouver ici, devant un sol qui ne montrait plus rien, qui effaçait la sordide réalité. C'était une tombe. Et ce n'était plus rien, rien d'autre qu'un banal carrelage neuf que bientôt des touristes piétineraient en ignorant que, d'une certaine façon, ils profanaient un cimetière.

Pourtant, Léa et Rébecca se mirent à pleurer. Elles étaient vraiment deux femmes au cimetière, devant la tombe d'un être cher. Ces larmes ne concernaient pas la famille Squalo : nous ne partagerions jamais cette douleur-là.

- Prenez votre temps, murmura maman. Nous vous attendons dans la maison et nous lirons le récit d'Ylisse.

Mélinda lisait à voix haute le récit qu'avait écrit Ylisse Payet. Papa et moi écoutions, sidérés. Léa et Rébecca écoutaient aussi, mais elles connaissaient par cœur l'histoire de leur père ou de leur mari. Parfois leurs lèvres bougeaient, récitant en silence quelques phrases écrites par Ylisse.

Il fallut plus d'une heure avant que maman ne parvienne au terme du récit et nous apprenne ce qui s'était réellement produit dans cette ferme du Val Brûlé, quarante-trois ans auparavant. Ce n'était pas du tout ce que nous imaginions ou ce que les rumeurs malveillantes de l'époque avaient propagé, à en croire Rita Dorimont.

Léa... Léa, ma chérie... Anélie morte, allongée dans la cour de la ferme. Qu'écrire, à partir de là ? Je ne me rappelle pas grand-chose des heures et des jours qui suivirent. Une sorte de catalepsie ? La dernière image précise que je conserve du drame est Titus flairant Anélie, jappant de courts cris plaintifs, et Rose et Henri Dumoulin s'agitant autour de moi. Je crois – je n'en suis pas certain – qu'ils pleuraient.

Je ne pleurais pas.

La nuit était tombée sur moi pour toujours.

Berthe Dumoulin m'expliqua, beaucoup plus tard, ce qui était arrivé. Berthe, la mère de Rébecca, la fille de Rose et Henri, tu sais cela ma Léa, évidemment, pourtant je l'écris afin que mon récit devienne un chemin aussi net que possible pour celles et ceux qui le liront et Léa, je pense ici à tes enfants. Berthe vivait à Brest. Elle était mariée à un policier, de grade élevé, un colonel de gendarmerie. Berthe Lemercier.

« *Tu allais être accusé de la mort d'Anélie, me dit Berthe. Une mort accidentelle ou... on ne sait pas, pire peut-être. Le commerçant ambulant du camion bleu t'avait vu manier le fusil, viser Anélie. Tu... tu avais une réputation détestable de garçon violent, capable de brutalité.* »
Même alors, je ne pleurais pas. J'approchais pourtant de mes dix-sept ans quand Berthe Dumoulin – j'emploie son nom de jeune fille comme s'il était une ancre m'accrochant à mon enfance – me raconta en détail les événements de cette fin d'année 1969 : Léa, j'ai honte de l'écrire, mais c'était comme si ma mémoire effaçait Anélie. Elle n'avait pas existé. Ce n'était pas arrivé. Ce que Berthe, ta grand-mère, me racontait, était l'histoire d'un autre.

« *Maman – ton arrière-grand-mère Rose – a dit qu'on te renverrait au foyer de la* DDASS, *à Ladret ou ailleurs et tu hurlais : "Non ! non ! jamais !" Tu t'es barricadé dans la grange, tu refusais d'en sortir, tu criais que tu préférais mourir que retourner dans un foyer.* »
Rose pleurait. Henri pleurait. Je me cachais sous les bottes de paille.

« *Ni Henri ni moi n'accepterons que tu retournes à Ladret, a promis Rose. Tu n'iras plus jamais dans un foyer, on te le jure, mon p'tiot. Tu es notre fils, notre gamin qu'on aime et on te protégera contre le monde entier.* »
Rose et Henri Dumoulin ont supplié leur fille de m'accueillir à Brest. Elle a accepté, sans hésiter.

Le soir même de ce dimanche d'octobre, Rose montait dans le train avec moi. Brest. Henri ne nous accompagnait pas.

« Il s'est occupé d'Anélie, a dit Berthe. Je n'en sais pas davantage. À compter de ce jour-là, mes parents ne m'ont plus jamais parlé de ton amie d'enfance. Ils refusaient de répondre à toutes les questions. »

Berthe et René Lemercier avaient une jolie petite fille âgée de onze ans. Rébecca. Je l'ai épousée en 1979. Rébecca Payet est devenue ma femme et tu es née en 1994. Léa Payet.

Je suis tellement heureux d'avoir conservé ce nom de Payet. C'est tout ce qu'il me reste de cette époque. De l'île de Maloya. Un nom et la couleur de ma peau. Tout le reste m'a été volé. Il m'a fallu creuser ma mémoire sans cesse et sans cesse, ces dernières années, afin de reconstituer le puzzle de notre vie, à Anélie et moi.

Ce précieux nom, je le dois à René Lemercier. Le colonel de gendarmerie Lemercier, ton grand-père, a accepté de trahir les lois et la morale de son métier : il m'a fait obtenir des papiers d'identité, à mon nom, alors que j'étais censé avoir disparu. Comment s'y est-il pris pour tromper l'administration, chaque fois que c'était nécessaire, je l'ignore, mais il risquait gros. Je me suis toujours appelé Ylisse Payet... et pourtant la dernière trace de l'existence d'un Ylisse Payet venait d'une ferme de Haute-Marne et disparaissait un dimanche d'octobre 1969.

Personne, hormis tes grands-parents, Léa, n'a jamais su quoi que ce soit au sujet de ma vie avant que je débarque à Brest, à l'âge de quinze ans. Je disais : « Je suis maloyais, un lointain cousin de Berthe et René Lemercier. Ils m'accueillent chez eux pour que je fasse de bonnes études. » C'était suffisant.

Henri et Rose sont morts un an à peine après le drame. Probablement, le chagrin. Je ne les ai jamais revus. Berthe a vendu la ferme. Elle tenait à s'en débarrasser au plus vite. Ne laisser aucune trace. Occulter la mémoire. Les derniers dépositaires de mon passé étaient tes grands-parents, Léa. Ils sont morts deux ans après ta naissance.

Cette mémoire que j'ai eu tant de mal à reconstruire, ma Léa chérie, tu l'as tout entière dans ces pages. Conserve-la. Pour toi, pour tes enfants, pour les enfants de tes enfants. Pour d'autres aussi, peut-être ? Qui sait ?

Je sais que bientôt, je ne serai plus avec vous, mes deux femmes chéries. N'éprouvez pas trop de chagrin. Quand vous voudrez penser à moi, aux jours heureux que nous avons vécus ensemble, ici à Brest, relisez ce récit.

Le temps d'une lecture, songez aux deux enfants qui jouaient dans les rues de Bourg-Calat. Songez que je suis maintenant auprès d'Anélie, la fille aux nattes et aux rubans, et qu'à nouveau nous dévalons ensemble les collines de Bourg-Calat en riant aux éclats.

ÉPILOGUE

Squalo & Cie s'est dissous.

Mon père a abandonné son projet de devenir le patron du plus prestigieux cabinet de détectives privés de France.

Il est musicien. Il a retrouvé (grâce à Internet !) des copains « de classe », ceux du lycée, quand il était en terminale. À l'époque, ils formaient un orchestre dont les membres se pâmaient en écoutant et jouant des musiques des années 1960.

Les musiques qu'Arthur écoutait dans la grange du Val Brûlé.

L'orchestre s'est reconstitué. Il joue le samedi soir dans des bals. Pas souvent.

Il me semble que papa est heureux.

Maman n'est plus institutrice.

« J'aime de plus en plus les enfants, mais de moins en moins leurs parents », nous a-t-elle déclaré, en rédigeant sa lettre de démission.

Elle se consacre entièrement à la lecture, au sport, aux séances de cinéma. Quand on lui demande : « Vous faites quoi, dans la vie ? » elle éclate de rire et répond : « Rien, Dieu merci. »

Elle a les moyens de ne rien faire grâce à l'argent de son père et à celui de la vente de la maison du Val Brûlé.

Il me semble que maman est heureuse.

Nous avons décidé, d'un commun accord, de ne plus habiter la ferme et de la vendre. Grâce aux travaux de rénovation que papa avait réalisés, nous en avons tiré une petite fortune alors que nous l'avions achetée une bouchée de pain.

Quant à moi...

Après avoir balancé à la poubelle mon premier roman, j'en ai commencé et terminé un autre. Son titre : *Mais que deviennent les enfants quand la nuit tombe ?*

J'espère que vous l'aimerez. Que vous ferez de moi un écrivain. Je ne suis pas inquiète. Ni trop pressée. L'argent de Mélinda et celui de la vente de la ferme nous permettent d'envisager l'avenir sans trop de soucis.

Nous n'avons jamais revu Léa Payet et Rébecca Payet.

Parfois, mes doigts caressent l'olivine que je conserve en pendentif. Et je me sens affreusement triste.

NOTES

Que deviennent les enfants quand la nuit tombe ? est un roman. Aucun des personnages n'a existé ailleurs que dans mon imagination. Cependant...

Entre 1963 et 1980, environ 1 600 enfants et adolescents réunionnais, âgés de 7 à 14 ans, ont été envoyés en France, particulièrement dans des départements alors pauvres, touchés par l'exode rural : la Corrèze, le Gers, la Lozère... (Rapport de l'IGAS : Inspection générale des affaires sociales, 2002.)

On a pu parler d'enfants volés, enlevés souvent illégalement à leurs parents, sous prétexte de leur assurer un meilleur avenir... alors qu'il s'agissait surtout de repeupler certains départements et de diminuer la pression démographique jugée trop forte sur l'île de la Réunion.

Anélie et Ylisse auraient pu être deux de ces 1 600 enfants volés.

Aux lectrices et lecteurs qui trouveraient excessif ce qui arrive à Anélie et Ylisse, je conseille de lire les nombreux articles qui racontent cette abominable « histoire ». Pour écrire *Que deviennent les enfants quand la nuit tombe ?* je me suis intéressé aux articles suivants :

Le Nouvel Observateur : article de Mariella Righini du 6 juin 2002.

Libération : article de Marc Pivois, 4 juillet 2001.
V.S.D. : numéro du 6 au 12 septembre 2001.
Le Journal de l'Île : 7 juillet 2001.
France Soir : article de Noémie Dorion, 8 février 2002.

DERNIERS TITRES PARUS DANS LA MÊME COLLECTION

L'Heure de la vengeance, Jan Chr. Næss
traduit du norvégien par Pascale Mender

« Comme une méduse dans une mer d'azur, le soleil flottait dans le ciel. Il clapotait contre la fenêtre de ma chambre quand je me réveillais, et quand je me couchais, la brûlure était encore là, dans tout le corps.
La nuit, j'étais en nage et je me retournais dans mon lit sans réussir à dormir.
C'est à la fin de cet été-là que j'ai frappé à la porte de l'enfer.
Difficile d'avoir les idées claires quand le soleil ne te laisse aucun répit.
Difficile de prendre la bonne décision.

Il y en a un qui en a pris une sacrément mauvaise, de décision : Fanny a été tuée dans la maison d'à côté. Victime de coups portés à l'aide d'un objet contondant pendant que je suffoquais dans mon lit sans trouver le sommeil. »

(Extrait du chapitre 1)

Mary-Lou, **Stefan Casta**

« C'est l'heure de pointe. Du moins pour moi. Notre cours de dessin de l'après-midi a eu lieu en plein air et je suis resté après les autres, ce qui m'a mis en retard. Je sors du métro à Skanstull et je me fraye un passage à travers la foule.

Comme d'habitude, je jette un regard dans la vitrine de la poissonnerie Göta Fisk. Il y a une pub pour du chien de mer. Tout en traversant Götgatan je me demande comment on cuisine le requin. À la poêle ou au court-bouillon ? Deux types dans une Peugeot 306 cabriolet me sortent de mes réflexions en meklaxonnant et je me réfugie sur le trottoir avec mon carton à dessins plein de croquissous le bras.

C'est la première voiture décapotable que je vois cette année et je me fais la réflexion que l'été ne va pas tarder. On est mi-avril, l'air est doux et un soleil pâle, presque argenté, brille sur le quartier de Söder.

Cela explique peut-être pourquoi je ne la vois pas. Mes pensées sont trop occupées par l'été qui attend, par mes projets et par une petite inquiétude qui me ronge.

Tout d'un coup, je heurte quelque chose et je sens une douleur foudroyante dans mon pied droit. Je me retrouve à quatre pattes avec un million d'anges blancs voltigeant de façon incontrôlée autour de moi. Je dois avoir l'air complètement ridicule. »

(Extrait du chapitre 1)

Goodbye Berlin, Wolfgang Herrndorf
traduit de l'allemand par Isabelle Enderlein

« La nuit de samedi à dimanche. Quatre heures, avait dit Tschick. Ce serait la meilleure heure. Quatre heures du matin. J'ai presque pas dormi. J'ai somnolé la moitié de la nuit pour me réveiller illico quand j'ai entendu des pas sur notre terrasse. J'ai foncé vers la porte. Tschick était là, dans la pénombre, un sac de marin sur l'épaule. On chuchotait sans raison aucune. Tschick a posé son sac de marin dans notre vestibule, et puis on est partis.

En rentrant de Werder, il avait laissé la Lada dans la rue où elle était censée être le reste du temps. C'était à dix minutes de chez nous. En y allant, un renard a déboulé à nos pieds en direction du centre, un véhicule de nettoyage de la ville est passé en chuintant, et une retraitée expectorante a croisé notre chemin. Au finish, on se faisait plus remarquer qu'en plein jour. À trente mètres de la Lada, Tschick m'a fait signe d'attendre. Je me suis collé contre une haie, le cœur battant. Tschick a sorti une balle de tennis jaune de sa poche. Il a pressé la balle contre la poignée de la Lada et a appuyé dessus du plat de la main. Je comprenais pas bien en quoi c'était utile, mais Tschick a lancé dans un sifflement : "Les pros en action !" Puis il a ouvert la porte et m'a fait signe de le suivre. »

(Extrait du chapitre 1)

Samien, la conquête de la planète froide, Colin Thibert

« Depuis son installation dans le comté du Vomer, Samien accompagnait Bolumir presque tous les jours, à la chasse ou à la pêche. Il appréciait la bonne humeur inaltérable du petit homme et ses talents de pisteur. Il n'y avait pas un sentier, pas une grotte, pas une source dont Bolumir ignorât l'existence. Il connaissait les habitudes de tous les animaux sauvages et savait lire leurs traces. À partir d'une laisse, d'une plume ou d'une touffe de poils accrochée à un épineux, il était capable de déduire l'âge de la bête, son poids, la direction qu'elle avait prise.

À l'instar de la plupart des natifs du comté, Bolumir était court sur pattes, vêtu de braies et d'une cotte rougeâtre, assortie à sa carnation. Il portait généralement un gros bonnet et des mitaines qu'il tricotait lui-même. Le contraste avec Samien, élancé, élégant et noir de peau, était plaisant. Les deux hommes s'appréciaient et se comprenaient à demi-mot. Bien que Samien restât plutôt discret sur son passé, Bolumir devinait qu'il avait traversé nombre d'épreuves. Le fait qu'il ait bourlingué à travers l'Outremonde et soit originaire des Kraspills, la plus haute chaîne de montagnes du Sarancol, forçait également son respect. »

(Extrait du chapitre 1)

Fuir les taliban, André Boesberg
traduit du néerlandais par **Emmanuèle Sandron**

« Des vautours se laissent porter dans le ciel bleu par les courants ascendants. L'ombre des montagnes se profile au loin. J'essaie de maîtriser ma respiration, de ne pas penser. Il pèse un tel silence sur le stade ! Difficile d'imaginer qu'avant, on jouait au football, ici. J'essuie mon front en sueur du revers de la main. Je me lèche les doigts, pour le sel, aussi précieux en été que le bois en hiver.

Regard furtif vers Obaïd. Il a les yeux fixés sur un point devant lui, le visage impénétrable, les mâchoires serrées. Si mes parents et Taya, ma sœur, savaient que je suis ici ! Mais ils l'ignorent, et je ne veux pas qu'ils l'apprennent. Je sens qu'il va se passer tant de choses cet après-midi. Des choses dont je n'ai encore qu'une vague idée. Des choses que je voudrai effacer le plus vite possible de ma mémoire.

"Le mieux, c'est d'oublier", dit toujours Obaïd.

Il sait de quoi il parle, il en a déjà vu beaucoup plus que moi. »

(Extrait du chapitre 1)

Le Monde dans la main, Mikaël Ollivier

« C'est mon plus lointain souvenir. L'un de mes premiers Noël, mais je n'en savais rien. Je ne savais rien à rien, je ne vivais même pas au jour le jour mais simplement au présent. Le présent. J'habitais le présent. Le temps n'existait pas encore pour moi. Mon monde se limitait à quelques visages familiers, des odeurs, des sons, la faim, le sommeil, la douleur, le chaud, le froid…

J'étais sur les genoux de ma mère. Il existe une photo de cet instant. L'image est sombre, mon visage rond de bébé n'y est éclairé que par les flammes des quatre bougies du carillon des anges, ce petit mobile sur son socle en laiton doré, au mécanisme si simple et si malin : les flammes forment des colonnes d'air chaud qui font tourner des ailettes qui, elles-mêmes, entraînent un axe supportant trois anges dans une ronde de plus en plus rapide qui permet à des petites tiges métalliques, à chaque passage, de faire tinter joyeusement des clochettes.

Mes parents avaient éteint la lumière pour mieux mettre en valeur le jeu des flammes sur le métal. Les anges s'étaient mis à tourner, sans bruit tout d'abord. Au plafond étaient apparus des reflets qui ressemblaient à la surface d'une eau précieuse. Puis un premier tintement, un autre, un autre encore, de plus en plus rapprochés. La ronde des anges avait atteint sa vitesse de croisière et le son des clochettes était devenu régulier. *Ding, ding, ding...* Fine chevauchée dans les aigus, promesse d'une magie à venir, d'une douceur qui tient en haleine, d'une beauté simple, poétique et fragile de la vie.

Et mon regard, ce réveillon-là, avait glissé des anges au visage de ma sœur de l'autre côté de la table. Alix, attentive, immobile, aussi transportée que moi, bouche ronde entrouverte et dans les yeux brillants une danse d'or et de lumières. »

(Extrait du chapitre 1)

Candor, Pam Bachorz
traduit de l'anglais (États-Unis) par **Valérie Dayre**

« *KA-TCHUNK, KA-TCHUNK, KA-TCHUNK.*

Le son arrive par la fenêtre de ma chambre. Il perturbe ma concentration. Non qu'il soit fort, mais il est impossible de l'ignorer. Ce n'est pas un bruit d'ici.

Ka-tchunk, ka-tchunk, ka-tchunk.

Candor est la même chaque soir. On y entend le chuintement de l'arrosage automatique. Le cri perçant des grenouilles des marais. Le bourdonnement de la camionnette anti-moustiques qui fait le tour de chaque pâté de maisons.

Ce bruit-là ne fait pas partie du programme.

Ka-tchunk, ka-tchunk, ka-tchunk.

Il devient plus fort à présent. Je recule ma chaise à roulettes de mon bureau et me lève. J'ai le temps d'une brève expédition dehors. Mon travail scolaire peut attendre cinq minutes. Ou plus, s'il s'agit d'un truc intéressant.

Mais l'un des Messages de P'pa jaillit dans mon cerveau. *Les études sont la clé du succès.* Ça m'immobilise net, mes pieds pèsent une tonne. Je n'irai nulle part. »

(Extrait du chapitre 1)

Rien qu'un jour de plus dans la vie d'un pauvre fou, Jean-Paul Nozière

« – Tu surveilles Élise une petite heure, mon grand ? Le temps d'une ou deux courses dans le quartier.
Je déteste que maman m'appelle "mon grand". J'ai dix-sept ans. C'est ridicule. Surtout quand elle parle aussi fort, ameutant les autres personnes assises sur les bancs du parc Émile-Zola. Une façon de clamer : "C'est mon fils ! Il est beau, n'est-ce pas ? Et gentil à un point, si vous saviez !" Si je suis dans les parages, maman ne peut pas s'empêcher de débiter ces niaiseries à quiconque discute avec elle plus de trois minutes.
Mais là, nous sommes au parc alors que j'aimerais être sur la plage. Et je déteste surveiller ma sœur. Je ne suis pas si gentil que maman le dit. Obéissant, plutôt. Élise a trois ans. Un bébé. J'aurai l'air de quoi à pinailler autour des bacs à sable et des toboggans, pendant que ma sœur se fera tirer les cheveux par des têtes à claques ou tirera ceux des têtes à claques ? »

(Extrait du chapitre 1)

Samien, le voyage vers l'outremonde, Colin Thibert

« Lorsque Samien se réveilla, la dernière lune avait quitté le ciel et, quelque part, un oiseau chantait pour saluer le lever du soleil. Il se sentait bien, n'avait plus mal nulle part et l'araignée bavarde de son cauchemar s'était évaporée avec le jour. Il quitta son abri et ôta sa chemise : la boursouflure rosâtre qui marquait son épaule droite, là où la mèche du fouet de Barthélemy l'avait entaillée, avait entièrement disparu. La peau était lisse, noire et luisante. Il se déshabilla entièrement : son corps ne portait plus la moindre trace, hormis, sur un genou, la cicatrice d'une chute ancienne. Devait-il cette guérison expresse à l'oxémie ? »

(Extrait du chapitre 3)

Des étoiles au plafond, Johanna Thydell
traduit du suédois par **Agneta Ségol**

« J'ai quelque chose à te dire, Jenna.
C'est exactement ces mots-là qu'elle a employés. Et avec cette voix-là. Sa voix d'adulte. Jenna se tenait dans l'embrasure de la porte de la chambre de maman, son doudou Ragnar coincé sous le bras. Maman était allongée sur le lit, enveloppée d'une couverture pleine de bouloches. Elle avait l'air grave.
J'ai quelque chose à te dire.

C'est exactement ces mots-là qu'elle a employés, et Jenna a répondu quoi ? ou peut-être alors dis ! ou peut-être autre chose, elle ne s'en souvient pas. Il y a si longtemps.

Il y a sept ans, quatre mois et seize jours.

Les lattes du parquet grinçaient quand Jenna a enfin osé poser ses chaussettes Mickey par terre. Sur la pointe des pieds, elle s'est avancée jusqu'au lit de maman et s'est assise sur le bord moelleux. Maman a pris la main de Jenna. Il neigeait dehors. Les flocons se brisaient contre le carreau. Jenna se demandait si ça leur faisait mal.

Jenna, a dit maman en captant le regard de Jenna qui s'était un peu perdu dans la grande chambre, Jenna, tu m'écoutes ? »

(Extrait du chapitre 1)

All together, Edward van de Vendel
traduit du néerlandais par **Emmanuèle Sandron**

« L'été dernier, ma vie a franchi le mur du son. Six mois se sont écoulés depuis août, mais elle reste marquée par ce clivage entre l'avant et l'après. Avant, j'étais un gars insignifiant de dix-huit ans ; aujourd'hui, je suis dévoré par un amour fou. Avant, je vivais dans mes rêves ; aujourd'hui, j'arbore un tatouage : un petit avion sur le bras qui, jour après jour, raconte mon départ pour l'Amérique, ma découverte de la Norvège et puis mon retour aux Pays-Bas. Autrement dit : mon voyage avec Oliver, mon voyage vers Oliver, mon voyage loin d'Oliver.

Avant, j'habitais chez mes parents ; aujourd'hui, je vis dans une coloc à Rotterdam. Avant, je préparais mon bac comme un imbécile ; aujourd'hui, je suis inscrit à l'École nationale de création littéraire. Avant, je papotais à la table de la cuisine avec ma mère ; aujourd'hui, je discute avec Vonda. Et avec Vonda, ma vie a franchi un deuxième mur du son. »

(Extrait du chapitre 1)

La Maison du pont, Aidan Chambers
traduit de l'anglais (Grande-Bretagne) par **Élodie Leplat**

« Adam surgit devant moi comme un fantôme. Un instant, je crois qu'il en est un. Puis, comme souvent par la suite, il transforme son apparition en jeu. Il fait semblant d'être un fantôme, mais seulement quand il découvre qu'il s'est trompé.

Alors qu'il cherche un endroit où squatter pour la nuit, il tombe sur la petite maison octogonale à côté du pont, pas de lumière, ça a l'air vide, mort, et il se dit que c'est son jour de chance. Il ne sait pas que je me trouve à l'intérieur ; en plus, c'est Halloween.

Il force la porte, doucement. Ça ne lui pose aucun problème. La serrure est vieille et fragile, il est costaud. Même s'il n'est pas grand – petit, souple – on a parfois l'impression qu'il a les muscles d'un homme vigoureux, ce qui participe de sa face cachée, de son mystère.

Il force la serrure si doucement que je ne me réveille pas. Cela fait trois mois que j'habite dans la vieille maison du péage et je dors bien, ce qui n'était pas le cas lorsque l'endroit m'était encore étranger et que je n'avais pas l'habitude d'être seul. »

(Extrait du chapitre 1)

En attendant New York, Mitali Perkins
traduit de l'anglais (États-Unis) par **Valérie Dayre**

« Par la vitre baissée, Asha et Reet pressaient les mains de leur père. Le train se mit lentement en mouvement, prit de la vitesse. Baba dut courir. Quand ses doigts échappèrent à leur étreinte, les filles se penchèrent davantage pour le voir s'effacer puis disparaître dans la brume de Delhi.

– Attention ta tête, Osh ! s'écria brusquement Reet en tirant sa sœur vers l'intérieur du compartiment.

Le train s'engouffrait dans un tunnel, il bringuebala violemment et, dans l'obscurité, Asha se cramponna au bras de sa sœur. En temps ordinaire, leur mère l'eût mise en garde bien avant Reet. Mais parfois Ma était prisonnière des griffes du Geôlier – ainsi les filles nommaient-elles la pesante mélancolie qui souvent tombait sur elle tel un linceul. Était-elle déjà partie si loin que même la crainte de voir sa fille décapitée ne pouvait la tirer de sa torpeur ?

Lorsque le train sortit en ahanant du tunnel, Asha eut peine à croire à ce qu'elle voyait. Leur mère avait enfoui son visage dans ses mains, et des larmes – de vraies larmes, mouillées, salées – striaient de larges sillons brunâtres ses joues poudrées.

Que se passait-il ? Il devait y avoir une erreur – il était impossible que Sumitra Gupta puisse pleurer. Les filles avaient maintes fois vu leur père ému aux larmes, même quand Ma ou Reet chantait la pluie, le chagrin ou les peines de cœur. Mais leur mère ne pleurait jamais, se retirant plutôt dans un silence froid qui pouvait durer des heures, des jours, des semaines. Jusqu'à des mois, comme après l'arrivée du télégramme lui annonçant la mort de sa mère. »

(Extrait du chapitre 1)

La Vie commence, **Stefan Casta**
traduit du suédois par **Agneta Ségol**

« As-tu déjà pensé à ce que serait la vie sur la planète Terre s'il n'y avait que les hommes ?

S'il n'y avait pas d'oiseaux dans le ciel, pas de poissons dans la mer. Pas d'agneaux, pas de chiens de bergers, pas de chauves-souris, pas de lièvres blancs.

Rien que des Toi & Toi & Toi. Et des Moi & Moi & Moi.

Excuse-moi, c'est juste une idée qui vient de me passer par la tête.

(Personnellement, je pense qu'on aurait une impression de grand vide !)

Mais venons-en au fait.

Je vais te raconter l'histoire d'une fille qui adore les animaux.

En écrivant ces lignes, je m'aperçois que je ne sais pas grand-chose d'elle. À peine son nom.

C'est sans doute ce qui explique pourquoi mes pensées volent comme des oiseaux dans ma tête.

Je soupire, j'arrête l'ordinateur et je vais me coucher.

Et quand je ferme les yeux, le monde s'éteint.

C'est alors que remontent *les contes*... »

(Extrait du chapitre 1)

Caulfield, sortie interdite, **Harald Rosenløw Eeg**
traduit du norvégien par **Jean-Baptiste Coursaud**

« Je tombe. Je regarde la ville pendant que je tombe et que les branches des arbres croisent les doigts nus de leurs mains pour faire une prière. Le ciel est foncé en son milieu, d'un bleu lacéré aux extrémités ; seule la vapeur de ma respiration trahit la présence d'air dans mes poumons.

J'ai soudain l'impression d'apercevoir, tout là-haut, un flocon de neige. Un ticket gagnant. Qui tout en lenteur virevolte vers le bas. Je me figure que je dois absolument le sauver avant qu'il n'atteigne le sol. Et donc j'essaie de m'en emparer. Mais il glisse entre mes mains qui n'attrapent que le vide de l'air ambiant. Heureusement pour moi il en vient un autre. Nouveau flocon, nouvelle possibilité – que je tente d'attraper, lui à défaut de l'autre. Sauf qu'il finit à son tour par rejoindre le sol. Dans un souffle rouge. Les flocons de neige virent au rouge sitôt qu'ils touchent le sol. Quand je relève la tête, je vois le ciel moucheté de grains neigeux qui tranquillement déclinent, restent un instant en suspens, attendent. Et c'est là que je comprends que je n'arriverai pas à en sauver un seul. »

(Extrait du chapitre 1)

Le Temps des lézards est venu, Charlie Price
traduit de l'anglais (États-Unis) par Pierre Charras

« Je roule trop vite. La dernière chose dont j'ai besoin en ce moment est d'être arrêté par la police. Un flic pourrait savoir que je connaissais Marco. On pourrait me soupçonner de l'avoir aidé à s'enfuir. Peut-être recherche-t-on déjà cette voiture. Je ne le crois pas, mais tout est envisageable. Peut-être est-on parfaitement au courant pour ma mère et pense-t-on même que moi aussi je suis fou. Pourquoi suis-je énervé à ce point ? Je n'ai pas peur. Si ? Ça a une telle importance ! Je voudrais que les gens le comprennent, je voudrais qu'ils en sachent autant que moi. Il faut que j'aille voir les Ludlow et que je leur raconte toute l'histoire.

Je suppose que je suis un peu surexcité, mais il est impossible de garder pour soi un tel secret. Un secret susceptible de changer la face du monde. De faire le bonheur de milliers de personnes. De mettre la science sens dessus dessous. Bien sûr j'ignore tout des réponses, mais je sais quelle direction prendre. Moi seul connaissais vraiment Marco.

Z m'aidera certainement à trouver un angle d'attaque. Elle m'écoutera et me conseillera. C'est la sœur de Hubie. Elle est en deuxième année de fac. Elle est mon aînée de trois ans. Intelligente et drôle et surprenante et tellement différente ! Mais si elle n'est pas là ? Quel jour est-on aujourd'hui ? Quel *jour* ? Même Hubie pourrait m'aider. On peut déjà le considérer comme un homme de science. Ou Mme Ludlow. Elle saura quoi faire. Mais pas la police. Pas maintenant. Je ne suis pas prêt.

Ce n'est pas une histoire qu'on peut confier à n'importe qui... »

(Extrait du chapitre 1)

Cet ouvrage a été achevé d'imprimer sur Roto-Page à la loupe
pour le compte des éditions Thierry Magnier
par l'Imprimerie Floch à Mayenne en février 2013
Dépôt légal : mars 2013
N° d'impression : 84339
Imprimé en France